**LOS
MEJORES
JUGADORES**

2026

LEYENDAS DEL FÚTBOL

PUBLICADO EN 2025 POR WELBECK CHILDREN'S BOOKS
Un sello editorial de Hachette Children's Group
Carmelite House, 50 Victoria Embankment, Londres, EC4Y 0DZ
Una empresa de Hachette UK
www.hachette.co.uk
www.hachettechildrens.co.uk

Todos los datos estadísticos y mapas de calor proporcionados por Opta, bajo licencia de Stats Perform.

Todos los equipos de los jugadores y entrenadores son correctos a fecha de 1 de septiembre de 2025.

Autor: David Ballheimer

Jefe de diseño: Matt Drew

Búsqueda de imágenes: Paul Langan

Producción: Melanie Robertson

Composición de cubierta: Celia Antón Santos

Traductor: David Ridruejo Sánchez

© EDICIONES OBERON (GRUPO ANAYA, S. A.), 2026
Valentín Beato, 21. 28037 Madrid
Depósito legal: M-19140-2025
ISBN: 979-13-87775-02-5
Impreso y encuadernado en China

CRÉDITOS DE LAS IMÁGENES
La editorial desea dar las gracias a las siguientes fuentes por su permiso para reproducir las imágenes de este libro.

ALAMY STOCK PHOTO: UPI 33
GETTY IMAGES: AC Milán 52; Robin Alam/ISI Photos 47; Ion Alcoba/Quality Sport Images 56; Eric Alonso/UEFA 9; Emilio Andreoli 20; ANP 37, 55, 72; Franco Arland/UEFA 35; Matias Baglietto/NurPhoto 46; Lars Baron 57; Robbie Jay Barratt/AMA 67, 98; James Baylis/AMA 109T; Giuseppe Bellini 17; Berengui/DeFodi Images 8; John Berry 21, 88; Bagu Blanco/Pressinphoto/Icon Sport 10; Mark Blinch 60; Stefan Brauer/DeFodi Images 106T; Megan Briggs 74; Rico Brouwer/Soccrates 13; Clive Brunskill 12; David S. Bustamante/Soccrates 22, 65, 78; Pedro Castillo/Real Madrid 34; Jean Catuffe 16, 82, 100; Tim Clayton/Corbis 39; Gareth Copley 106B; Oscar Del Pozo/AFP 111T; Sebastian El-Saqqa - firo sportphoto 18; Paul Ellis/AFP 85, 109B, 110T; Gualter Fatia 62; Jacques Feeney/Offside 77; Johnny Fidelin/Icon Sport 83; Franck Fife/AFP 27; Stu Forster 105; Stuart Franklin 90, 99; Sebastian Frej/MB Media 64; Edith Geuppert/GES Sportfoto 38; James Gill/Danehouse 81; GSI/Icon Sport 50; Stefano Guidi 102; Lionel Hahn 108T; Alexander Hassenstein 95; Mike Hewitt 59; Elie Hokayem/Saudi Pro League 19; Mario Hommes/DeFodi Images 49; Image Photo Agency 42, 110B; Catherine Ivill 11; Fareed Kotb/Anadolu 48; Roland Krivec/DeFodi Images 31; Harry Langer/DeFodi Images 24; Alex Livesey 63, 89, 103; Stuart MacLarlane/Arsenal FC 54, 107T; Angel Martinez 26, 61; Stefan Matzke - sampics 43; Wagner Meier 29; Doug Murray/Icon Sportswire 28; Rene Nijhuis/MB Media 75; Mattia Ozbot/Inter 23; Alex Pantling 40; Octavio Passos 97; Ryan Pierse 101; Andrew Powell/Liverpool FC 7; Antonio Pozo/Pressinphoto/Icon Sport 68; Pressinphoto/Icon Sport 44; Joe Prior/Visionhaus 15, 51; ProShots 111B; Quality Sport Images 14, 87, 96; Michael Regan 86, 107B; Maciej Rogowski/Eurasia Sport Images 92; Fran Santiago 70; Oli Scarff/AFP 5; Silas Schueller/DeFodi Images 69; Juan Manuel Serrano Arce 108B; Justin Setterfield 93; Alexandre Simoes/Borussia Dortmund 36; Nick Tre. Smith/Icon Sportswire 25; Boris Streubel 73, 91; Justin Tallis/AFP 53; Omar Vega 94; VI Images 80; Pedro Vilela 76; Visionhaus 41, 45, 66, 71, 79; Damjan Zibert/Soccrates 30

Se han realizado todos los esfuerzos posibles por reconocer correctamente y contactar con la fuente o el propietario del copyright de cada imagen. Cualquier error u omisión accidental se corregirá en futuras ediciones de este libro.

LOS MEJORES JUGADORES

2026

LEYENDAS DEL FÚTBOL

PERFILES • ESTADÍSTICAS • JUGADORES *TOP*

OBERON

CONTENIDOS

CÓMO USAR ESTE LIBRO

¡Bienvenido a *Leyendas del fútbol 2026*, un libro emocionante que recoge las estadísticas de rendimiento de las mayores estrellas del fútbol actual! Hemos elegido a más de 100 jugadores y entrenadores que son superestrellas en las cinco ligas más importantes del mundo: la Bundesliga de Alemania, La Liga de España, la Ligue 1 de Francia, la Serie A italiana y la Premier League inglesa. Los jugadores están o han estado la mayor parte de sus carreras hasta la temporada 2024/2025 en una de estas ligas.

Puedes utilizar este libro para determinar quiénes crees que son los jugadores con mejor rendimiento comparando los datos estadísticos de los mejores defensas, centrocampistas, delanteros, porteros y entrenadores de la actualidad.

Los tipos de estadísticas presentadas en cada posición varían, ya que cada posición realiza una función específica en el campo. Por ejemplo, la labor principal de un defensa es impedir que el contrincante marque, así que las estadísticas se centran sobre todo en esa parte de su juego. Del mismo modo, la habilidad para las entradas de un delantero no es tan relevante como su número de goles o de asistencias. Lo que sí verás para todos los jugadores es el mapa de calor, que muestra cuánta parte del campo cubre un jugador y en qué áreas centra su juego o, en el caso de los porteros, si su punto fuerte es el área pequeña o juegan como porteros-líberos que están cómodos en toda el área de penalti.

Las estadísticas abarcan la carrera de un jugador hasta la fecha, jugando para equipos que pertenecen a una de las cinco principales ligas europeas. Las cifras se han recopilado solo en apariciones en partidos de ligas nacionales o europeos y se han excluido datos de copas nacionales, supercopas o partidos internacionales. Este grupo de datos reducido implica que la información es comparable de forma inmediata, así que puedes decidir por ti mismo quién merece de verdad ser considerado una leyenda viva de este hermoso deporte.

DEFENSAS

La función principal de un defensa es evitar que el equipo contrario marque protegiendo su propia portería. Hay muchos tipos diferentes de defensas (y también de formaciones defensivas) y sus posiciones exigen habilidades distintas. Los laterales juegan con más amplitud y son rápidos y ágiles; intentan evitar que los extremos y los mediocentros hagan pases al área. Los defensas centrales juegan en el centro; a menudo son altos y fuertes para poder quitar el balón a los peligrosos delanteros. Los carrileros son como los laterales, pero juegan en un papel más adelantado y también atacan como los extremos. A veces los equipos utilizan un defensa adicional llamado "líbero" que se coloca detrás de los centrales y ofrece protección extra.

¿QUÉ SIGNIFICAN ESTAS ESTADÍSTICAS?

75%

DUELOS AÉREOS GANADOS

Es el porcentaje de cabezazos que ha ganado un defensa en su propia área para interrumpir un ataque del rival.

INTERCEPTACIONES

Es el número de veces que un defensa ha detenido con éxito un ataque sin tener que hacer una entrada.

BLOQUEOS

Un tiro interceptado por un defensa, que evita que su portero tenga que hacer una parada, cuenta como un bloqueo.

PASES CLAVE Y COMPLETADOS

Un pase clave es aquel que tiene como resultado una oportunidad de ataque. Los pases completados indican en forma de porcentaje la precisión de los pases de un jugador.

DESPEJE

Un ataque frustrado con éxito, ya sea usando el pie o la cabeza para alejar el balón en una situación de peligro, se considera un despeje.

ENTRADAS

Es el número de veces que un defensa ha obstaculizado y quitado el balón al oponente sin cometer falta.

¿Lo sabías?

El último defensa en ganar el Balón de Oro o el premio de la FIFA al Mejor Jugador de Mundo fue el italiano Fabio Cannavaro en 2006. Desde 2010, solo Virgil van Dijk ha estado en el *top* tres de jugadores más votados, en 2019.

NACIONALIDAD
Austríaca

CLUB ACTUAL
Real Madrid

DAVID ALABA

Aunque su mejor posición es lateral izquierdo, el punto fuerte de David Alaba es la versatilidad. Excelente en su colocación y su lectura del juego, su ritmo y su capacidad atlética le permiten desbaratar ataques con rapidez y dar a su equipo la ventaja.

F. NACIMIENTO	24/06/1992
POSICIÓN	LATERAL IZDO.
ESTATURA	1,80 M
DEBUT	2007
PIE PREFERIDO	IZQUIERDO

APARICIONES
497

BLOQUEOS
143

INTERCEPTACIONES
607

DUELOS AÉREOS GANADOS
49,4%

PASES COMPLETADOS
89,2%

PENALTIS MARCADOS
3

GOLES
34

PASES
29341

DESPEJES
690

ENTRADAS
591

PALMARÉS EN CLUBES
⚽ La Liga: 2022, subcampeón 2023, 2024 ⚽ Bundesliga: 2010, 2013–2021 (todas con B. Múnich) ⚽ UEFA Champions League: 2013, 2020 (todas con B. Múnich), 2022, 2024 ⚽ Copa Mundial de Clubes de la FIFA: 2013, 2020 (todas con B. Múnich), 2022 ⚽ Copa del Rey: 2023 ⚽ DFB-Pokal: 2013, 2014, 2016, 2019, 2020 (todas con B. Múnich)

PALMARÉS INTERNACIONAL
⚽ Nada hasta la fecha

ÁREAS DE ACTIVIDAD

TRENT ALEXANDER-ARNOLD

NACIONALIDAD
Inglesa

CLUB ACTUAL
Real Madrid

Considerado uno de los mejores defensas del mundo para el desdoblamiento, Trent Alexander-Arnold juega como lateral derecho o carrilero derecho. ¡Es rápido, sus entradas son geniales y es capaz de meter centros precisos que encantan a los delanteros! En 2025, fichó por el Real Madrid y dejó el Liverpool, el club de su infancia, tras nueve años.

F. NACIMIENTO	07/10/1998
POSICIÓN	LATERAL
ESTATURA	1,75 M
DEBUT	2016
PIE PREFERIDO	DERECHO

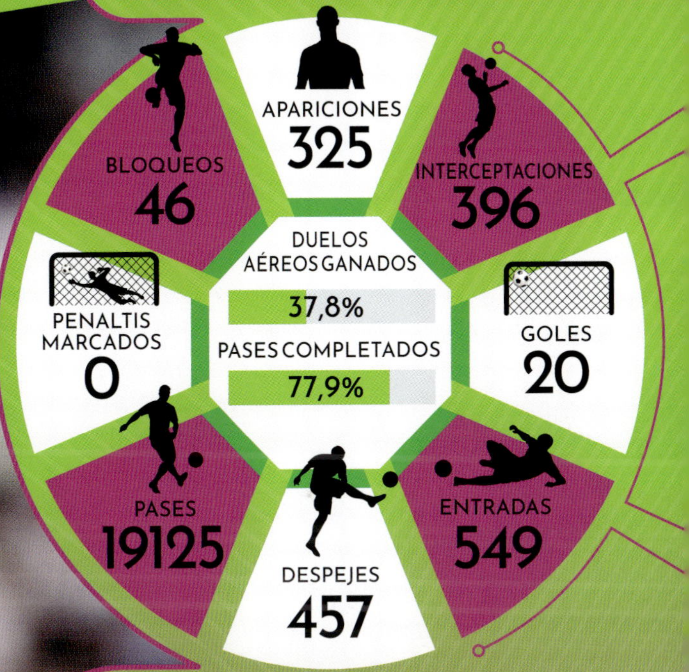

APARICIONES
325

INTERCEPTACIONES
396

BLOQUEOS
46

DUELOS AÉREOS GANADOS
37,8%

PASES COMPLETADOS
77,9%

GOLES
20

PENALTIS MARCADOS
0

PASES
19125

DESPEJES
457

ENTRADAS
549

PALMARÉS EN CLUBES
⚽ Premier League: 2020, 2025 (todas con Liverpool)
⚽ UEFA Champions League: 2019 (Liverpool) ⚽ UEFA Champions League: Subcampeón 2018, subcampeón 2022 (todas con Liverpool) ⚽ Copa Mundial de Clubes de la FIFA: 2019 (Liverpool) ⚽ FA Cup: 2022 (Liverpool)

PALMARÉS INTERNACIONAL
⚽ UEFA Nations League: Tercer puesto 2019
⚽ Campeonato de Europa de la UEFA: Subcampeón 2024

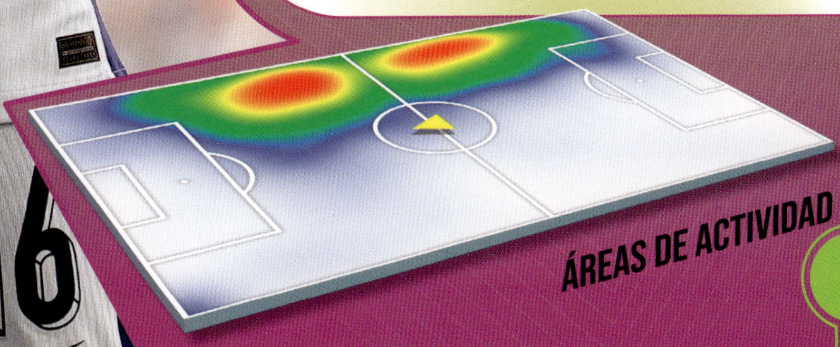

ÁREAS DE ACTIVIDAD

3

NACIONALIDAD
Española

CLUB ACTUAL
Sevilla

CÉSAR AZPILICUETA

El lateral derecho César Azpilicueta es un líder natural, que puede jugar en cualquier parte del campo. Es excelente en el uso de su sentido posicional para acabar con el peligro y, con frecuencia, empieza contraataques con un pie derecho estupendo. Al final de la temporada 2024/2025 abandonó el Atlético de Madrid tras dos años.

F. NACIMIENTO	28/08/1989
POSICIÓN	LATERAL
ESTATURA	1,78 M
DEBUT	2006
PIE PREFERIDO	DERECHO

BLOQUEOS
213

APARICIONES
636

INTERCEPTACIONES
1109

DUELOS AÉREOS GANADOS
57,3%

PASES COMPLETADOS
82,1%

PENALTIS MARCADOS
0

GOLES
16

PASES
31105

DESPEJES
1911

ENTRADAS
1606

PALMARÉS EN CLUBES
⚽ Premier League: 2015, 2017 (todas con Chelsea) ⚽ UEFA Champions League: 2021 (Chelsea) ⚽ UEFA Europa League: 2013, 2019 (todas con Chelsea) ⚽ Copa Mundial de Clubes de la FIFA: 2021, subcampeón 2012 (todas con Chelsea) ⚽ FA Cup: 2018 (Chelsea)

PALMARÉS INTERNACIONAL
⚽ UEFA Nations League: Subcampeón 2021
⚽ Copa FIFA Confederaciones: Subcampeón 2013

ÁREAS DE ACTIVIDAD

RÚBEN DIAS

Rúben Dias juega sobre todo en el lado izquierdo de la defensa central, pero está cómodo en cualquier punto de la línea defensiva. Destaca a la hora de ganar disputas tanto aéreas como en el suelo, interceptando balones y logrando pases excelentes con ambos pies.

NACIONALIDAD
Portuguesa

CLUB ACTUAL
Manchester City

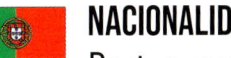

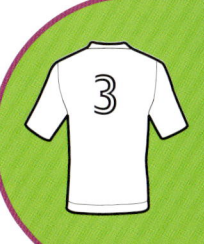

F. NACIMIENTO	14/05/1997
POSICIÓN	DEFENSA CENTRAL
ESTATURA	1,87 M
DEBUT	2015
PIE PREFERIDO	DERECHO

APARICIONES 212
INTERCEPTACIONES 191
GOLES 6
ENTRADAS 230
DESPEJES 539
PASES 16737
PENALTIS MARCADOS 0
BLOQUEOS 122

DUELOS AÉREOS GANADOS 57,3%
PASES COMPLETADOS 93%

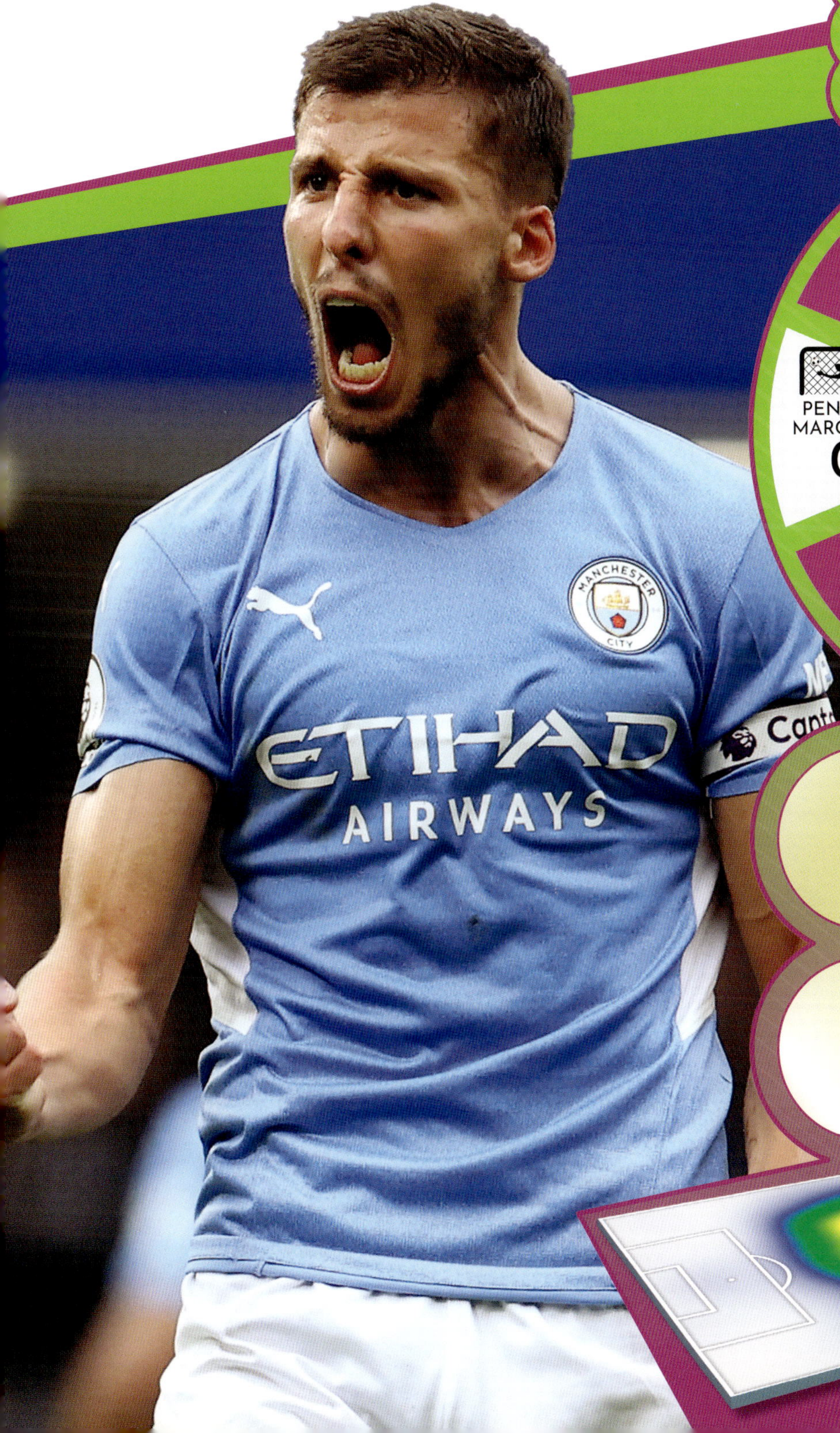

PALMARÉS EN CLUBES

- Premier League: 2021, 2022, 2023, 2024
- UEFA Champions League: Subcampeón 2021, 2023
- Primeira Liga portuguesa: 2019 (Benfica)
- FA Cup: 2023, subcampeón 2025

PALMARÉS INTERNACIONAL

- UEFA Nations League: 2019

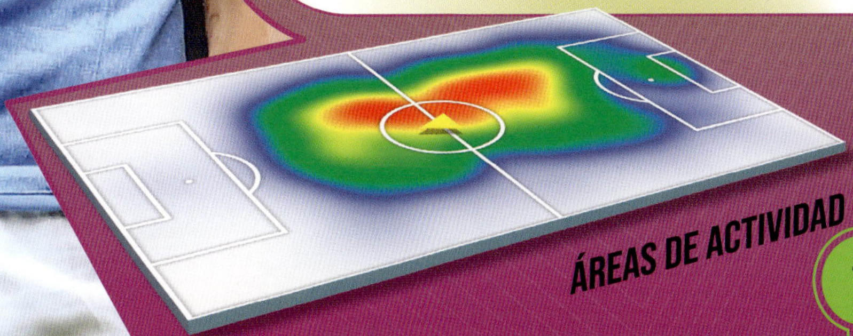

ÁREAS DE ACTIVIDAD

NACIONALIDAD
Holandesa

CLUB ACTUAL
Liverpool

VIRGIL VAN DIJK

Considerado uno de los mejores defensas centrales de su generación, Virgil van Dijk es una presencia tranquila en el campo, lo cual lo hace un gran líder. Tiene un gran sentido posicional y desbarata ataques con frecuencia. También puede llegar al final de jugadas a balón parado, por lo que es peligroso en el área rival.

F. NACIMIENTO	08/07/1991
POSICIÓN	DEFENSA CENTRAL
ESTATURA	1,95 M
DEBUT	2011
PIE PREFERIDO	DERECHO

BLOQUEOS
201

APARICIONES
379*

INTERCEPTACIONES
554

DUELOS AÉREOS GANADOS
74,4%

PASES COMPLETADOS
89,1%

PENALTIS MARCADOS
0

GOLES
30

PASES
26695

ENTRADAS
368

DESPEJES
1853

*Excluye datos de la Scottish Premiership

PALMARÉS EN CLUBES
⚽ Premier League: 2020, 2025 ⚽ Scottish Premiership: 2014, 2015 (Celtic) ⚽ UEFA Champions League: 2019, subcampeón 2018, subcampeón 2022 ⚽ Copa Mundial de Clubes de la FIFA: 2019 ⚽ FA Cup: 2022

PALMARÉS INTERNACIONAL
⚽ UEFA Nations League: Subcampeón 2019

ÁREAS DE ACTIVIDAD

JEREMIE FRIMPONG

Jeremie Frimpong está tan cómodo en el centro del campo como en posición de carrilero y encaja a la perfección en ambos roles. Utiliza su gran ritmo y su habilidad para los pases en situaciones de ataque, pero tiene las cualidades técnicas para ser un defensor estupendo. En mayo de 2025, Frimpong fichó por el Liverpool.

NACIONALIDAD
Holandesa

CLUB ACTUAL
Liverpool

30

F. NACIMIENTO	10/12/2000
POSICIÓN	CARRILERO DERECHO
ESTATURA	1,72 M
DEBUT	2019
PIE PREFERIDO	DERECHO

BLOQUEOS
15

APARICIONES
181*

INTERCEPTACIONES
74

PENALTIS MARCADOS
0

DUELOS AÉREOS GANADOS
37,8%

PASES COMPLETADOS
82,1%

GOLES
27

PASES
4993

DESPEJES
146

ENTRADAS
198

*Excluye datos de la Scottish Premiership

PALMARÉS EN CLUBES
⚽ Bundesliga: 2024 (Bayer Leverkusen)
⚽ UEFA Europa League: Subcampeón 2024 (Bayer Leverkusen)
⚽ DFB-Pokal 2024 (Bayer Leverkusen)
⚽ Scottish Premiership: 2020 (Celtic)
⚽ Scottish Cup: 2020 (Celtic)

PALMARÉS INTERNACIONAL
⚽ UEFA Nations League: Subcampeón 2019

ÁREAS DE ACTIVIDAD

2

NACIONALIDAD
Uruguaya

CLUB ACTUAL
Atlético de Madrid

JOSÉ GIMÉNEZ

El uruguayo es un central duro, es rápido en la salida de balón y es difícil robarle el balón. Hizo su debut internacional con solo 19 años y también ha prosperado a nivel de club desde que llegó al Atlético de Madrid en 2013.

F. NACIMIENTO	20/01/1995
POSICIÓN	DEFENSA CENTRAL
ESTATURA	1,85 M
DEBUT	2012
PIE PREFERIDO	DERECHO

BLOQUEOS
196

APARICIONES
323

INTERCEPTACIONES
471

DUELOS AÉREOS GANADOS
63,6%

PASES COMPLETADOS
84,7%

PENALTIS MARCADOS
0

GOLES
10

PASES
12521

DESPEJES
1447

ENTRADAS
450

PALMARÉS EN CLUBES
⚽ La Liga: 2014, 2021
⚽ UEFA Europa League: 2018
⚽ Supercopa de la UEFA: 2018
⚽ UEFA Champions League: Subcampeón 2014, 2016

PALMARÉS INTERNACIONAL
⚽ Copa Mundial Sub-20 de la FIFA: Subcampeón 2013
⚽ Copa América: Tercer puesto 2024

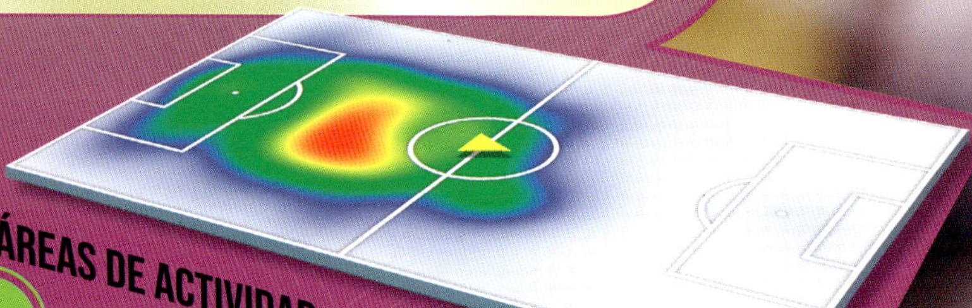

ÁREAS DE ACTIVIDAD

JOŠKO GVARDIOL

Joško Gvardiol es un maestro en las situaciones de uno contra uno y sabe exactamente cuándo bloquear o hacer una entrada. Lee bien el juego y es listo al hacer interceptaciones. Su técnica sólida atrás iguala su capacidad para convertir la defensa en ataque.

NACIONALIDAD
Croata

CLUB ACTUAL
Manchester City

24

F. NACIMIENTO	23/01/2002
POSICIÓN	DEFENSA CENTRAL
ESTATURA	1,85 M
DEBUT	2019
PIE PREFERIDO	IZQUIERDO

APARICIONES
169

BLOQUEOS
76

INTERCEPTACIONES
216

DUELOS AÉREOS GANADOS
56,1%

PASES COMPLETADOS
88,3%

PENALTIS MARCADOS
0

GOLES
16

PASES
11377

DESPEJES
356

ENTRADAS
245

PALMARÉS EN CLUBES
⚽ Premier League: 2024
⚽ DFB Pokal: 2022, 2023 (RP Leipzig)
⚽ Supercopa de la UEFA: 2023
⚽ Copa Mundial de Clubes de la FIFA: 2023

PALMARÉS INTERNACIONAL
⚽ Copa Mundial de la FIFA: Tercer puesto 2022

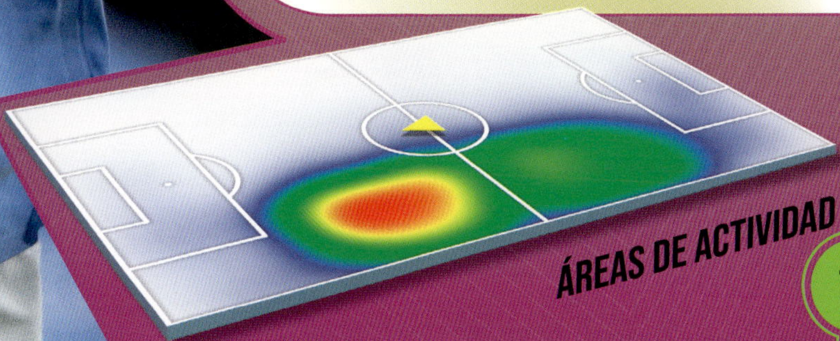

ÁREAS DE ACTIVIDAD

15

2

NACIONALIDAD
Marroquí

CLUB ACTUAL
Paris Saint-Germain

ACHRAF HAKIMI

Conocido por su versatilidad, Ashraf Hakimi es igual de bueno como carrilero derecho que como centrocampista. Su ritmo excepcional le permite detener a los atacantes rivales con entradas limpias o interceptaciones y puede dejar atrás a los oponentes cuando se une al ataque.

F. NACIMIENTO	04/11/1998
POSICIÓN	LATERAL DCHO.
ESTATURA	1,81 M
DEBUT	2016
PIE PREFERIDO	DERECHO

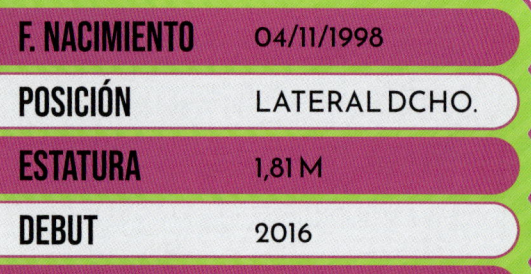

BLOQUEOS
26

APARICIONES
274

INTERCEPTACIONES
238

PENALTIS MARCADOS
0

DUELOS AÉREOS GANADOS
41,9%

PASES COMPLETADOS
87,8%

GOLES
42

PASES
15499

DESPEJES
232

ENTRADAS
495

PALMARÉS EN CLUBES
⚽ Ligue 1: 2022, 2023, 2024, 2025 ⚽ Serie A: 2021 (Inter de Milán) ⚽ UEFA Champions League: 2018 (Real Madrid), 2025 ⚽ Copa Mundial de Clubes de la FIFA: 2017, subcampeón 2025, (Real Madrid) ⚽ Coupe de France: 2024, 2025

PALMARÉS INTERNACIONAL
⚽ Nada hasta la fecha

ÁREAS DE ACTIVIDAD

THEO HERNÁNDEZ

Más conocido por sus cualidades en el ataque que por su trabajo defensivo, Theo Hernández (hermano menor de Lucas) está dotado de un ritmo genial, puede regatear con rapidez con el balón en los pies y posee la capacidad para colocarse en posiciones que permiten marcar goles. Uno de los favoritos de los aficionados en el AC Milán, Hernández dejó el club en 2025 tras cinco temporadas.

NACIONALIDAD
Francesa

CLUB ACTUAL
Al Hilal

19

F. NACIMIENTO	06/10/1997
POSICIÓN	LATERAL IZDO.
ESTATURA	1,84 M
DEBUT	2015
PIE PREFERIDO	IZQUIERDO

APARICIONES
312

BLOQUEOS
71

INTERCEPTACIONES
288

DUELOS AÉREOS GANADOS
65%

PASES COMPLETADOS
84,4%

PENALTIS MARCADOS
4

GOLES
34

PASES
13597

DESPEJES
433

ENTRADAS
476

PALMARÉS EN CLUBES
⚽ Serie A: 2022 (AC Milán)
⚽ UEFA Champions League: 2018 (Real Madrid)
⚽ Copa Mundial de Clubes de la FIFA: 2017 (Real Madrid)

PALMARÉS INTERNACIONAL
⚽ Copa Mundial de la FIFA: Subcampeón 2022
⚽ UEFA Nations League: 2021, tercer puesto 2025

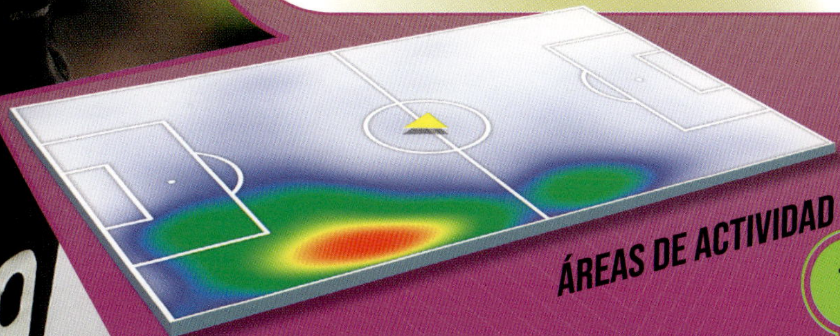

ÁREAS DE ACTIVIDAD

6

NACIONALIDAD
Alemana

CLUB ACTUAL
Bayern de Múnich

JOSHUA KIMMICH

Futbolista de primera clase excelente como lateral derecho, también es adaptable y puede jugar en posiciones más defensivas o en el centro del campo. Es un líder natural y buen comunicador en el campo, con varias habilidades que incluyen el sentido posicional, el ritmo, la anticipación, las entradas, los pases, los toques de cabeza y la resistencia.

F. NACIMIENTO	08/02/1995
POSICIÓN	LATERAL DCHO.
ESTATURA	1,77 M
DEBUT	2013
PIE PREFERIDO	DERECHO

BLOQUEOS
76

APARICIONES
392

INTERCEPTACIONES
424

PENALTIS MARCADOS
2

DUELOS AÉREOS GANADOS
44,7%

PASES COMPLETADOS
90,4%

GOLES
41

PASES
28698

DESPEJES
339

ENTRADAS
588

PALMARÉS EN CLUBES
⚽ Bundesliga: 2016, 2017, 2018, 2019, 2020, 2021, 2022, 2023, 2025
⚽ UEFA Champions League: 2020
⚽ DFB-Pokal: 2016, 2019, 2020
⚽ Copa Mundial de Clubes de la FIFA: 2020

PALMARÉS INTERNACIONAL
⚽ Copa FIFA Confederaciones: 2017

ÁREAS DE ACTIVIDAD

AYMERIC LAPORTE

Aymeric Laporte estaba entre los mejores defensas de Europa antes de irse a la Liga Profesional Saudí en 2023. Muy fuerte, realiza entradas potentes, es excelente en el juego aéreo y un buen organizador desde atrás. Laporte también puede iniciar ataques con sus pases de precisión fuera de la defensa.

NACIONALIDAD
Española

CLUB ACTUAL
Al-Nassr

27

F. NACIMIENTO	27/05/1994
POSICIÓN	DEFENSA CENTRAL
ESTATURA	1,89 M
DEBUT	2011
PIE PREFERIDO	IZQUIERDO

APARICIONES
392

BLOQUEOS
154

INTERCEPTACIONES
669

DUELOS AÉREOS GANADOS
64,9%

PASES COMPLETADOS
88,7%

PENALTIS MARCADOS
0

GOLES
25

PASES
25327

ENTRADAS
599

DESPEJES
1334

PALMARÉS EN CLUBES
⚽ Premier League: 2018, 2019, 2021, 2022, 2023 (todas con Manchester City)
⚽ UEFA Champions League: Subcampeón 2021, 2023 (todas con Manchester City)
⚽ FA Cup: 2019, 2023 [todas con Manchester City]

PALMARÉS INTERNACIONAL
⚽ UEFA Nations League: Subcampeón 2021, 2023
⚽ Campeonato de Europa de la UEFA: 2024

ÁREAS DE ACTIVIDAD

22

NACIONALIDAD
Italiana

CLUB ACTUAL
Nápoles

GIOVANNI DI LORENZO

Aunque comenzó su carrera profesional como jugador de ataque, ahora Giovanni di Lorenzo es un defensa excelente, normalmente como lateral derecho, pero también puede jugar en el centro. Tiene una buena técnica para las entradas, es fuerte y posee gran habilidad para el juego aéreo.

F. NACIMIENTO	04/08/1993
POSICIÓN	LATERAL DCHO.
ESTATURA	1,83 M
DEBUT	2010
PIE PREFERIDO	AMBOS

BLOQUEOS
85

APARICIONES
291

INTERCEPTACIONES
253

PENALTIS MARCADOS
0

DUELOS AÉREOS GANADOS
52,5%

PASES COMPLETADOS
85,9%

GOLES
22

PASES
16478

DESPEJES
433

ENTRADAS
527

PALMARÉS EN CLUBES
⚽ Serie A: 2023, 2025
⚽ Coppa Italia: 2020

PALMARÉS INTERNACIONAL
⚽ Campeonato de Europa de la UEFA: 2020 (2021)
⚽ UEFA Nations League: Tercer puesto 2021, 2023

ÁREAS DE ACTIVIDAD

MARQUINHOS

Marquinhos es un defensa inteligente. Puede que no tenga tanta potencia como muchos de los centrales de primera clase actuales, pero tiene la velocidad, agilidad e inteligencia para marcar a los delanteros más rápidos y, además, puede ser muy efectivo en el avance.

NACIONALIDAD
Brasileña

CLUB ACTUAL
Paris Saint-Germain

5

F. NACIMIENTO	14/05/1994
POSICIÓN	DEFENSA CENTRAL
ESTATURA	1,83 M
DEBUT	2012
PIE PREFERIDO	DERECHO

APARICIONES
451

BLOQUEOS
290

INTERCEPTACIONES
568

PENALTIS MARCADOS
0

DUELOS AÉREOS GANADOS
57,8%

PASES COMPLETADOS
92,8%

GOLES
35

PASES
29098

DESPEJES
1554

ENTRADAS
681

PALMARÉS EN CLUBES
⚽ Ligue 1: 2014, 2015, 2016, 2018, 2019, 2020, 2022, 2023, 2024, 2025 ⚽ UEFA Champions League: Subcampeón 2020, 2025 ⚽ Copa Mundial de Clubes de la FIFA: Subcampeón 2025 ⚽ Coupe de France: 2015, 2016, 2017, 2018, subcampeón 2019, 2020, 2021, 2024, 2025

PALMARÉS INTERNACIONAL
⚽ Copa América: 2019, subcampeón 2021
⚽ Juegos Olímpicos: 2016

ÁREAS DE ACTIVIDAD

16

NACIONALIDAD
Argentina

CLUB ACTUAL
Atlético de Madrid

NAHUEL MOLINA

Nahuel Molina ha trabajado para convertirse en una fuerza dominante en la banda derecha. Muy rápido, con un sentido agudo de la posición y una buena técnica para las entradas, también está cómodo con el balón en los pies y es un pasador fantástico en situaciones de ataque.

F. NACIMIENTO	06/04/1998
POSICIÓN	LATERAL DCHO.
ESTATURA	1,75 M
DEBUT	2016
PIE PREFERIDO	DERECHO

BLOQUEOS
24

APARICIONES
181

INTERCEPTACIONES
97

PENALTIS MARCADOS
0

DUELOS AÉREOS GANADOS
39,4%

PASES COMPLETADOS
78,3%

GOLES
16

PASES
6249

DESPEJES
218

ENTRADAS
258

PALMARÉS EN CLUBES
⚽ Nada hasta la fecha

PALMARÉS INTERNACIONAL
⚽ Copa Mundial de la FIFA: 2022
⚽ Copa América: 2021, 2024
⚽ Copa de Campeones Conmebol-UEFA: 2022

ÁREAS DE ACTIVIDAD

BENJAMIN PAVARD

Benjamin Pavard, uno de los defensas más dotados del mundo, tiene la capacidad de elegir el momento perfecto para sus entradas y detener a los rivales que tienen el balón. Tiene muy buen ritmo y también puede mover la pelota por una o dos líneas defensivas con un pase incisivo.

NACIONALIDAD
Francesa

CLUB ACTUAL
Olympique de Marsella

28

F. NACIMIENTO	28/03/1996
POSICIÓN	DEFENSA CENTRAL
ESTATURA	1,86 M
DEBUT	2014
PIE PREFERIDO	DERECHO

APARICIONES
293

INTERCEPTACIONES
468

BLOQUEOS
149

DUELOS AÉREOS GANADOS
60,2%

PASES COMPLETADOS
88%

GOLES
12

PENALTIS MARCADOS
0

PASES
17126

DESPEJES
860

ENTRADAS
414

PALMARÉS EN CLUBES
⚽ Serie A: 2024 ⚽ Bundesliga: 2020, 2021, 2022, 2023 (todas con Bayern de Múnich) ⚽ UEFA Champions League: 2020 (Bayern de Múnich), subcampeón 2025 ⚽ Copa Mundial de Clubes de la FIFA: 2020 (Bayern de Múnich) ⚽ DFB-Pokal: 2020 (Bayern de Múnich)

PALMARÉS INTERNACIONAL
⚽ Copa Mundial de la FIFA: 2018, subcampeón 2022
⚽ UEFA Nations League: 2021, tercer puesto 2025

ÁREAS DE ACTIVIDAD

26

NACIONALIDAD
Escocesa

CLUB ACTUAL
Liverpool

ANDREW ROBERTSON

Se ha convertido en uno de defensas más fiables del mundo, ya que cumple sus obligaciones sin aspavientos ni alardes. Además de sus habilidades defensivas, tiene la capacidad para recorrer la banda, completar buenas paredes y colocar pases peligrosos, lo cual lo convierte en un activo valioso en ataque.

F. NACIMIENTO	11/03/1994
POSICIÓN	LATERAL IZDO.
ESTATURA	1,78 M
DEBUT	2012
PIE PREFERIDO	IZQUIERDO

BLOQUEOS
69

APARICIONES
372

INTERCEPTACIONES
329

DUELOS AÉREOS GANADOS
50,4%

PENALTIS MARCADOS
0

PASES COMPLETADOS
84,1%

GOLES
12

PASES
21032

DESPEJES
627

ENTRADAS
550

PALMARÉS EN CLUBES
⚽ Premier League: 2020, 2025
⚽ UEFA Champions League: 2019
⚽ Copa Mundial de Clubes de la FIFA: 2019
⚽ Supercopa de la UEFA: 2019
⚽ FA Cup: 2022

PALMARÉS INTERNACIONAL
⚽ Nada hasta la fecha

ÁREAS DE ACTIVIDAD

ANTONEE ROBINSON

Antonee Robinson, una presencia enérgica y dinámica en el campo, es sólido en las entradas y lee bien el juego, por lo que hace interceptaciones muy oportunas. También tiene un ritmo natural y es un atacante dispuesto que hace desdoblamientos y se une al ataque en el último tercio.

NACIONALIDAD
Estadounidense

CLUB ACTUAL
Fulham

33

F. NACIMIENTO	08/08/1997
POSICIÓN	LATERAL IZDO.
ESTATURA	1,83 M
DEBUT	2015
PIE PREFERIDO	IZQUIERDO

APARICIONES
136

BLOQUEOS
31

INTERCEPTACIONES
232

DUELOS AÉREOS GANADOS
62,7%

PASES COMPLETADOS
77,4%

PENALTIS MARCADOS
0

GOLES
0

PASES
5770

DESPEJES
362

ENTRADAS
295

PALMARÉS EN CLUBES
⚽ EFL Championship: 2022

PALMARÉS INTERNACIONAL
🏆 Liga de Naciones CONCACAF: 2020, 2023, 2024

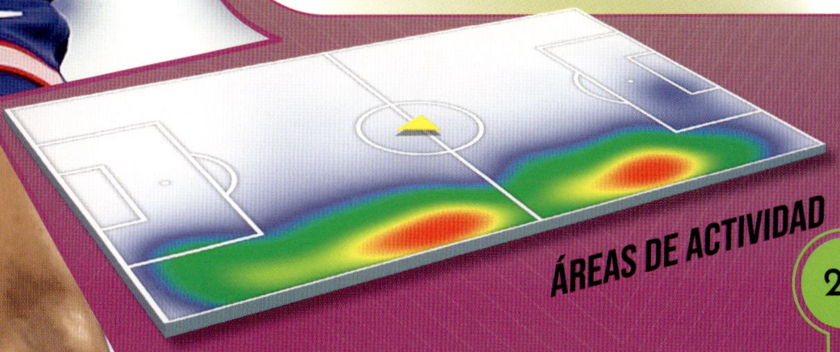

ÁREAS DE ACTIVIDAD

22

NACIONALIDAD
Alemana

CLUB ACTUAL
Real Madrid

ANTONIO RÜDIGER

Antonio Rüdiger se ha convertido en un defensa dominante en toda la línea defensiva, haciendo entradas eficaces gracias a su fuerza y controlando el área de penalti con su habilidad para el cabeceo. También es un excelente pasador, lee bien el juego y lidera con su ejemplo.

F. NACIMIENTO	03/03/1993
POSICIÓN	DEFENSA CENTRAL
ESTATURA	1,90 M
DEBUT	2011
PIE PREFERIDO	DERECHO

BLOQUEOS
182

APARICIONES
435

INTERCEPTACIONES
394

DUELOS AÉREOS GANADOS
59,3%

PASES COMPLETADOS
88,1%

PENALTIS MARCADOS
0

GOLES
19

PASES
25407

DESPEJES
1436

ENTRADAS
543

PALMARÉS EN CLUBES
⚽ La Liga: 2024 ⚽ UEFA Champions League: 2021 (Chelsea), 2024
⚽ Copa Mundial de Clubes de la FIFA: 2021 (Chelsea), 2022
⚽ UEFA Europa League: 2019 (Chelsea) ⚽ Supercopa de la UEFA: 2021 (Chelsea), 2022, 2024 ⚽ FA Cup: 2018 (Chelsea)
⚽ Copa del Rey: 2023

PALMARÉS INTERNACIONAL
⚽ Copa FIFA Confederaciones: 2017

ÁREAS DE ACTIVIDAD

WILLIAM SALIBA

Cuando William Saliba tenía solo seis años lo entrenaba el padre de Kylian Mbappé, y el defensa central ha seguido al legendario francés a la selección. Sólido en las entradas, es una presencia tranquila y estable con un ritmo excelente y una conciencia posicional inmensa.

NACIONALIDAD
Francesa

CLUB ACTUAL
Arsenal

2

F. NACIMIENTO	24/03/2001
POSICIÓN	DEFENSA CENTRAL
ESTATURA	1,92 M
DEBUT	2018
PIE PREFERIDO	DERECHO

APARICIONES
224

INTERCEPTACIONES
229

BLOQUEOS
100

DUELOS AÉREOS GANADOS
60,3%

PASES COMPLETADOS
92%

PENALTIS MARCADOS
0

GOLES
8

PASES
15860

DESPEJES
620

ENTRADAS
303

PALMARÉS EN CLUBES
⚽ Coupe de France: Subcampeón 2020 (PSG)

PALMARÉS INTERNACIONAL
⚽ Copa Mundial de la FIFA: Subcampeón 2022

ÁREAS DE ACTIVIDAD

27

NACIONALIDAD
Italiana

CLUB ACTUAL
Atalanta

GEORGIO SCALVINI

Georgio Scalvini, defensa central alto que es excelente en el aire y estable a nivel técnico en las entradas, destacó en 2024, pero una grave lesión de rodilla justo antes de la Eurocopa detuvo su ascenso. Ahora está de vuelta y muchos expertos creen que se convertirá en un defensa de primera clase.

F. NACIMIENTO	11/12/2003
POSICIÓN	DEFENSA CENTRAL
ESTATURA	1,94 M
DEBUT	2021
PIE PREFERIDO	DERECHO

BLOQUEOS
32

APARICIONES
100

INTERCEPTACIONES
153

DUELOS AÉREOS GANADOS
60,1%

PASES COMPLETADOS
81,7%

PENALTIS MARCADOS
0

GOLES
5

PASES
3996

DESPEJES
160

ENTRADAS
160

PALMARÉS EN CLUBES
⚽ UEFA Europa League: 2024

PALMARÉS INTERNACIONAL
⚽ Nada hasta la fecha

ÁREAS DE ACTIVIDAD

THIAGO SILVA

Thiago Silva es uno de los mejores defensas centrales del mundo; algunos expertos lo consideran uno de los mejores de la historia. Líder en el campo, su visión de juego garantiza que siempre está situado a la perfección para realizar intervenciones importantes.

 **NACIONALIDAD**
Brasileña

CLUB ACTUAL
Fluminense

F. NACIMIENTO	22/09/1984
POSICIÓN	DEFENSA CENTRAL
ESTATURA	1,83 M
DEBUT	2002
PIE PREFERIDO	DERECHO

APARICIONES
556

BLOQUEOS
370

INTERCEPTACIONES
1064

PENALTIS MARCADOS
0

DUELOS AÉREOS GANADOS
71,3%

PASES COMPLETADOS
92,7%

GOLES
27

PASES
35769

DESPEJES
2710

ENTRADAS
760

PALMARÉS EN CLUBES
⚽ UEFA Champions League: 2021 (Chelsea), subcampeón 2020 (PSG) ⚽ Supercopa de la UEFA: 2021 (Chelsea) ⚽ Copa Mundial de Clubes de la FIFA: 2021 (Chelsea) ⚽ Serie A: 2011 (AC Milán) ⚽ Ligue 1: 2013-2020 (PSG) ⚽ Coupe de France: 2015-18, 2020 (todas con PSG) ⚽ FA Cup: 2022 (Chelsea)

PALMARÉS INTERNACIONAL
⚽ Copa FIFA Confederaciones; 2013
⚽ Copa América: 2019, subcampeón 2021
⚽ Juegos Olímpicos: Plata 2012, bronce 2008

ÁREAS DE ACTIVIDAD

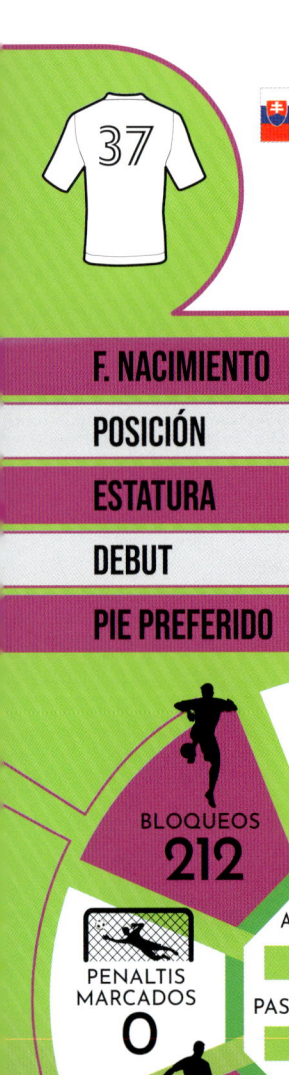

37

CLUB ACTUAL
Fenerbahce

MILÁN ŠKRINIAR

El central Milán Škriniar realiza entradas contundentes, es fuerte en el juego aéreo y combativo en el suelo, pero lo que le hace destacar son sus habilidades para manejar el balón y su capacidad para mantener la calma bajo presión y elegir pases inteligentes.

F. NACIMIENTO	11/02/1995
POSICIÓN	DEFENSA CENTRAL
ESTATURA	1,87 M
DEBUT	2012
PIE PREFERIDO	DERECHO

APARICIONES
321

BLOQUEOS
212

INTERCEPTACIONES
283

DUELOS AÉREOS GANADOS
51,8%

PASES COMPLETADOS
92,3%

PENALTIS MARCADOS
0

GOLES
15

PASES
20101

ENTRADAS
500

DESPEJES
1048

PALMARÉS EN CLUBES
⚽ Ligue 1: 2024, 2025 (PSG) ⚽ Serie A: 2021 (Inter de Milán)
⚽ UEFA Champions League: Subcampeón 2023 (Inter de Milán),
2025 ⚽ UEFA Europa League: Subcampeón 2020 (Inter de Milán)
⚽ Coupe de France: 2024, 2025 (todas con PSG) ⚽ Coppa Italia:
2022, 2023 (Inter de Milán)

PALMARÉS INTERNACIONAL
⚽ King's Cup: 2018

ÁREAS DE ACTIVIDAD

DAYOT UPAMECANO

Dayot Upamecano se ha convertido en un central con todas las habilidades necesarias para esa posición. El talento que le hace destacar es su habilidad con el balón en los pies, una cualidad que complementa la precisión de sus pases.

 **NACIONALIDAD**
Francesa

CLUB ACTUAL
Bayern de Múnich

F. NACIMIENTO	27/10/1998
POSICIÓN	DEFENSA CENTRAL
ESTATURA	1,86 M
DEBUT	2015
PIE PREFERIDO	DERECHO

APARICIONES
284

BLOQUEOS
102

INTERCEPTACIONES
412

DUELOS AÉREOS GANADOS
60,6%

PASES COMPLETADOS
89,2%

PENALTIS MARCADOS
0

GOLES
8

PASES
19724

DESPEJES
817

ENTRADAS
556

PALMARÉS EN CLUBES
⚽ Bundesliga: 2022, 2023, 2025
⚽ DFL Supercup: 2021

PALMARÉS INTERNACIONAL
⚽ UEFA Nations League: 2021
⚽ Copa Mundial de la FIFA: Subcampeón 2022

ÁREAS DE ACTIVIDAD

CENTROCAMPISTAS

Los centrocampistas son los latidos del corazón de un equipo. No solo juegan entre los delanteros y los defensas, sino que también ayudan a sus compañeros de equipo en ambos lados. Los centrocampistas se dividen en cuatro categorías principales: 1) centrocampistas defensivos, que se sitúan delante de los cuatro de atrás y hacen buenas entradas; 2) laterales ofensivos que actúan en las bandas y colocan centros en el área; 3) los mediocentros, que son brillantes para preparar y unirse a ataques, además de ayudar en la defensa cuando sea necesario; 4) los mediocentros organizadores, que son las estrellas que construyen el ataque con su juego creativo.

¿QUÉ SIGNIFICAN ESTAS ESTADÍSTICAS?

ASISTENCIAS

Un pase, centro o cabezazo a un compañero de equipo que después marca cuenta como asistencia. Esta estadística incluye también los tiros desviados que convierte un compañero.

TIROS

Cualquier disparo deliberado a la portería cuenta como un tiro. No hace falta que vaya a puerta ni que obligue al portero a hacer una parada.

OCASIONES CREADAS

Cualquier pase que tenga como resultado un tiro a portería (tanto si se marca gol como si no) se considera una ocasión creada.

ENTRADAS

Es el número de veces que el jugador ha obstaculizado y quitado el balón al oponente sin cometer falta.

REGATES

Es el número de veces que un jugador se ha ido de un rival corriendo con la pelota.

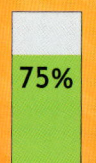

75%

PASES CON ÉXITO

Muestra como porcentaje el éxito que ha tenido el centrocampista a la hora de encontrar a compañeros de equipo con sus pases, ya sean de cinco metros o de cincuenta.

¿Lo sabías?

Los centrocampistas tienden a ser los que más corren en un partido. Los "todocampistas" recorren entre 9,5 y 12 km (más de un cuarto de una maratón) en 90 minutos.

5

NACIONALIDAD
Inglesa

CLUB ACTUAL
Real Madrid

JUDE BELLINGHAM

El talento de Jude Bellingham ya era evidente cuando solo tenía 16 años. Ahora, esa promesa se ha cumplido y se ha convertido en uno de los mejores centrocampistas del mundo que juega en uno de los mejores equipos del mundo. Es bueno en las entradas, excepcionalmente rápido, muy consciente de las posiciones y capaz de crear y marcar goles.

F. NACIMIENTO	29/06/2003
POSICIÓN	MEDIOCENTRO
ESTATURA	1,86 M
DEBUT	2019
PIE PREFERIDO	DERECHO

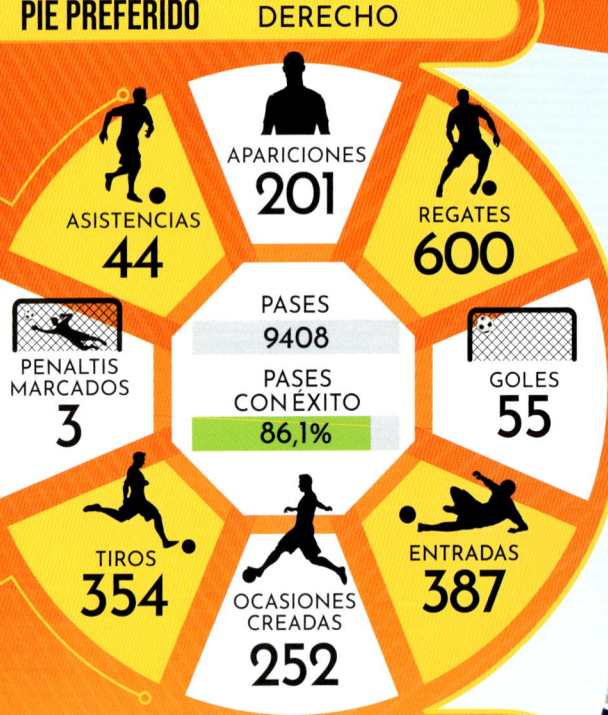

ASISTENCIAS
44

APARICIONES
201

REGATES
600

PASES
9408

PENALTIS MARCADOS
3

PASES CON ÉXITO
86,1%

GOLES
55

TIROS
354

OCASIONES CREADAS
252

ENTRADAS
387

PALMARÉS EN CLUBES
⚽ La Liga: 2024
⚽ UEFA Champions League: 2024
⚽ Bundesliga: Subcampeón 2023 (Borussia Dortmund)
⚽ DFB-Pokal: 2021 (Borussia Dortmund)

PALMARÉS INTERNACIONAL
⚽ Campeonato de Europa de la UEFA: Subcampeón 2020 (2021), subcampeón 2024

ÁREAS DE ACTIVIDAD

KEVIN DE BRUYNE

Kevin De Bruyne es uno de los mejores mediocentros ofensivos del fútbol actual. Fuerte y con una técnica brillante, puede interrumpir el juego en un extremo y, casi de inmediato, lanzar un tiro de 25 metros a la portería rival. En 2025, fichó por el Nápoles tras una década en el Manchester City.

NACIONALIDAD
Belga

CLUB ACTUAL
Nápoles

11

F. NACIMIENTO	28/06/1991
POSICIÓN	MEDIOCENTRO OFENSIVO
ESTATURA	1,81 M
DEBUT	2008
PIE PREFERIDO	DERECHO

APARICIONES **463**

ASISTENCIAS **184**

REGATES **1287**

PENALTIS MARCADOS **5**

PASES **21863**
PASES CON ÉXITO **80,7%**

GOLES **116**

TIROS **1105**

OCASIONES CREADAS **1314**

ENTRADAS **531**

PALMARÉS EN CLUBES
⚽ Premier League: 2018, 2019, 2021, 2022, 2023, 2024 (todas con Manchester City) ⚽ UEFA Champions League: Subcampeón 2021, 2023 (todas con Manchester City) ⚽ FA Cup: 2019, 2023 (todas con Manchester City) ⚽ DFB-Pokal: 2015 (VfL Wolfsburg)

PALMARÉS INTERNACIONAL
⚽ Copa Mundial de la FIFA: Tercer puesto 2018

ÁREAS DE ACTIVIDAD

23

EMRE CAN

Tras haber sido defensa al principio de su carrera, Emre Can se ha convertido en un centrocampista con mucha clase. Combina su excelente fuerza para las entradas con sus instintos de centrocampista para colocar pases a sus compañeros en posiciones de ataque.

F. NACIMIENTO	12/01/1994
POSICIÓN	MEDIOCENTRO
ESTATURA	1,86 M
DEBUT	2011
PIE PREFERIDO	DERECHO

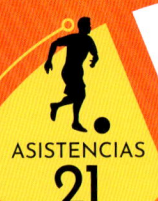

ASISTENCIAS
21

APARICIONES
412

REGATES
650

PASES
20910
PASES
CON ÉXITO
85,6%

PENALTIS
MARCADOS
12

GOLES
37

TIROS
341

OCASIONES
CREADAS
244

ENTRADAS
880

PALMARÉS EN CLUBES
⚽ Bundesliga: 2013 (Bayern de Múnich), subcampeón 2023
⚽ UEFA Champions League: 2013 (Bayern de Múnich), subcampeón 2018 (Liverpool), subcampeón 2024 ⚽ UEFA Europa League: Subcampeón 2016 (Liverpool) ⚽ Serie A: 2019, 2020 (Juventus) ⚽ DFB-Pokal: 2013 (Bayern de Múnich) 2021

PALMARÉS INTERNACIONAL
⚽ Copa FIFA Confederaciones: 2017

ÁREAS DE ACTIVIDAD

EDUARDO CAMAVINGA

Eduardo Camavinga es sobresaliente como centrocampista defensivo y también muy efectivo como lateral izquierdo. Lee muy bien el juego, hace interceptaciones oportunas y entradas fuertes e inicia ataques incisivos con pases precisos. También tiene una gran resistencia.

NACIONALIDAD
Francesa

CLUB ACTUAL
Real Madrid

6

F. NACIMIENTO	10/11/2002
POSICIÓN	CENTROCAMPISTA DEFENSIVO
ESTATURA	1,85 M
DEBUT	2019
PIE PREFERIDO	IZQUIERDO

ASISTENCIAS
13

APARICIONES
234

REGATES
348

PENALTIS MARCADOS
0

PASES
8741

PASES CON ÉXITO
89,8%

GOLES
5

TIROS
123

OCASIONES CREADAS
128

ENTRADAS
576

PALMARÉS EN CLUBES
- ⚽ La Liga: 2022, 2024
- ⚽ UEFA Champions League: 2022, 2024
- ⚽ Copa del Rey: 2023
- ⚽ Copa Mundial de Clubes de la FIFA: 2022
- ⚽ Copa Intercontinental de la FIFA: 2024

PALMARÉS INTERNACIONAL
- ⚽ Copa Mundial de la FIFA: Subcampeón 2022

ÁREAS DE ACTIVIDAD

19

NACIONALIDAD
Canadiense

CLUB ACTUAL
Bayern de Múnich

ALPHONSO DAVIES

Alphonso Davies, nacido en Ghana, ya está considerado como uno de los mejores futbolistas masculinos para representar a Canadá. Es tan productivo como seguro en todas las posiciones del lado izquierdo gracias a su gran ritmo, su talento para los regates, su creatividad en los pases, su resistencia y su habilidad para centrar.

F. NACIMIENTO	02/11/2000
POSICIÓN	EXTREMO IZDO.
ESTATURA	1,83 M
DEBUT	2016
PIE PREFERIDO	IZQUIERDO

ASISTENCIAS 38

APARICIONES 270

REGATES 1226

PENALTIS MARCADOS 0

PASES 11332
PASES CON ÉXITO 86,9%

GOLES 20

TIROS 180

OCASIONES CREADAS 306

ENTRADAS 463

PALMARÉS EN CLUBES
- ⚽ Bundesliga: 2019, 2020, 2021, 2022, 2023, 2025
- ⚽ UEFA Champions League: 2020
- ⚽ Copa Mundial de Clubes de la FIFA: 2020
- ⚽ Supercopa de la UEFA: 2020
- ⚽ DFB-Pokal: 2019, 2020

PALMARÉS INTERNACIONAL
- ⚽ Nada hasta la fecha

ÁREAS DE ACTIVIDAD

OUSMANE DEMBÉLÉ

La velocidad, la habilidad en el regate y la capacidad para superar a los defensas convierten a Ousmane Dembélé en un extremo natural. Capaz de jugar en cualquier banda, suele utilizar su ritmo y sus habilidades técnicas para generar ocasiones de gol para sí mismo o dar pases y asistencias claves a sus compañeros.

NACIONALIDAD
Francesa

CLUB ACTUAL
Paris Saint-Germain

F. NACIMIENTO	15/05/1997
POSICIÓN	EXTREMO
ESTATURA	1,78 M
DEBUT	2014
PIE PREFERIDO	AMBOS

APARICIONES
312

ASISTENCIAS
83

REGATES
1498

PENALTIS MARCADOS
3

PASES
9507

PASES CON ÉXITO
80%

GOLES
86

TIROS
650

OCASIONES CREADAS
565

ENTRADAS
226

PALMARÉS EN CLUBES
⚽ Ligue 1: 2024, 2025 ⚽ UEFA Champions League: 2025 ⚽ La Liga: 2018, 2019, 2023 (todas con Barcelona) ⚽ Coupe de France: 2024, 2025 ⚽ Copa Mundial de Clubes de la FIFA: Subcampeón 2025 ⚽ Copa del Rey: 2018, 2021 (todas con Barcelona) ⚽ DFB Pokal: 2017 (Borussia Dortmund)

PALMARÉS INTERNACIONAL
⚽ Copa Mundial de la FIFA: 2018, subcampeón 2022
⚽ UEFA Nations League: Tercer puesto 2025

ÁREAS DE ACTIVIDAD

8

NACIONALIDAD
Portuguesa

CLUB ACTUAL
Manchester United

BRUNO FERNANDES

Bruno Fernandes brilla como mediocentro o mediocentro ofensivo. Jugador defensivo sólido, tiene un ojo fantástico para crear ocasiones con pases entre líneas, con tiros potentes desde lejos, y destaca en el lanzamiento de penaltis y faltas.

F. NACIMIENTO	08/09/1994
POSICIÓN	MEDIOCENTRO OFENSIVO
ESTATURA	1,79 M
DEBUT	2012
PIE PREFERIDO	DERECHO

ASISTENCIAS
92

APARICIONES
396

REGATES
684

PASES
17939

PASES
CON ÉXITO
77,9%

PENALTIS
MARCADOS
38

GOLES
111

TIROS
989

OCASIONES
CREADAS
907

ENTRADAS
645

*Excluye datos de la Primeira Liga portuguesa

PALMARÉS EN CLUBES
⚽ UEFA Europa League: Subcampeón 2021, subcampeón 2025
⚽ Taça de Portugal: 2019 (Sporting CP)
⚽ Taça de Liga: 2018, 2019 (Sporting CP)
⚽ FA Cup: Subcampeón 2023, 2024

PALMARÉS INTERNACIONAL
⚽ UEFA Nations League: 2019, 2025

ÁREAS DE ACTIVIDAD

40

ENZO FERNÁNDEZ

Enzo Fernández ha tenido un ascenso meteórico, marcado por su premio como Mejor Jugador Joven de la Copa Mundial de la FIFA de 2022. Jugando como mediocentro, disfruta ayudando a los defensas, mientras que sus pases largos de una precisión excepcional generan a menudo ataques peligrosos.

NACIONALIDAD
Argentina

CLUB ACTUAL
Chelsea

F. NACIMIENTO	17/01/2001
POSICIÓN	MEDIOCENTRO
ESTATURA	1,78 M
DEBUT	2019
PIE PREFERIDO	DERECHO

APARICIONES
97*

ASISTENCIAS
18

REGATES
141

PENALTIS MARCADOS
1

PASES
5846

PASES CON ÉXITO
86,8%

GOLES
11

TIROS
144

OCASIONES CREADAS
146

ENTRADAS
193

*Excluye datos de las ligas argentina y portuguesa

PALMARÉS EN CLUBES
⚽ UEFA Conference League: 2025
⚽ EFL Cup: 2025
⚽ Copa Mundial de Clubes de la FIFA: 2025
⚽ Primera División de Argentina: 2021 (River Plate)

PALMARÉS INTERNACIONAL
⚽ Copa Mundial de la FIFA: 2022
⚽ Copa América: 2024

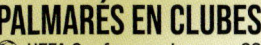

ÁREAS DE ACTIVIDAD

19

YOUSSOUF FOFANA

Youssouf Fofana, una presencia imponente en el centro del campo, juega un papel clave para su club y su selección. Es conocido por su capacidad de estar presente de área a área y está cómodo en la función de líder, dirigiendo el juego y controlando el tempo del partido.

F. NACIMIENTO	10/01/1999
POSICIÓN	MEDIOCENTRO
ESTATURA	1,85 M
DEBUT	2017
PIE PREFERIDO	DERECHO

ASISTENCIAS
24

APARICIONES
231*

REGATES
430

PENALTIS MARCADOS
0

PASES
9811

PASES CON ÉXITO
83%

GOLES
11

TIROS
260

OCASIONES CREADAS
180

ENTRADAS
464

PALMARÉS EN CLUBES
⚽ Coupe De La Ligue: 2019 (Estrasburgo)
⚽ Coupe de France: Subcampeón 2022 (Mónaco)

PALMARÉS INTERNACIONAL
⚽ Copa Mundial de la FIFA: Subcampeón 2022

ÁREAS DE ACTIVIDAD

İLKAY GÜNDOĞAN

Aunque İlkay Gündoğan se convirtió en una superestrella bastante tarde en su carrera, sus compañeros de equipo siempre han reconocido su valía. Admirado por su sólido talento defensivo, su gran energía y su capacidad para hacer pases y leer el juego, a menudo dicta el flujo y el ritmo de un partido.

NACIONALIDAD
Alemana

CLUB ACTUAL
Galatasaray

20

F. NACIMIENTO	24/10/1990
POSICIÓN	MEDIOCENTRO
ESTATURA	1,80 M
DEBUT	2008
PIE PREFERIDO	DERECHO

APARICIONES
522

ASISTENCIAS
62

REGATES
921

PENALTIS MARCADOS
5

PASES
29002

PASES CON ÉXITO
89,4%

GOLES
79

TIROS
734

OCASIONES CREADAS
664

ENTRADAS
644

PALMARÉS EN CLUBES
⚽ UEFA Champions League: 2023, subcampeón 2021, subcampeón 2013 (B. Dortmund) ⚽ Premier League: 2018, 2019, 2021-23 ⚽ Bundesliga: 2012 (B. Dortmund) ⚽ FA Cup: 2018, 2019, subcampeón 2025 ⚽ DFB-Pokal: 2012 (B. Dortmund)

PALMARÉS INTERNACIONAL
⚽ Nada hasta la fecha

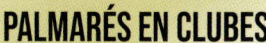

ÁREAS DE ACTIVIDAD

43

21

NACIONALIDAD
Holandesa

CLUB ACTUAL
Barcelona

FRENKIE DE JONG

Frenkie de Jong ha sido un talento sobresaliente desde que entró en escena siendo un adolescente. Su control, precisión, tasa de trabajo, precisión de los pases y movimiento han conseguido que se le compare con el gran Johan Cruyff.

F. NACIMIENTO	12/05/1997
POSICIÓN	MEDIOCENTRO
ESTATURA	1,80 M
DEBUT	2015
PIE PREFERIDO	DERECHO

ASISTENCIAS
18

APARICIONES
244

REGATES
372

PASES
14865

PASES CON ÉXITO
92%

PENALTIS MARCADOS
0

GOLES
15

TIROS
89

OCASIONES CREADAS
248

ENTRADAS
319

PALMARÉS EN CLUBES
⚽ La Liga: 2023, 2025
⚽ UEFA Europa League: Subcampeón 2017 (Ajax)
⚽ Copa del Rey: 2021, 2025
⚽ Eredivisie: 2019 (Ajax)
⚽ KNVB Cup: 2019 (Ajax)

PALMARÉS INTERNACIONAL
⚽ UEFA Nations League: Subcampeón 2019

ÁREAS DE ACTIVIDAD

JORGINHO

El talentoso Jorginho puede controlar el ritmo del juego desde atrás, unir la defensa con el centro del campo y el centro del campo con el ataque gracias a sus pases precisos. Tiene conciencia de juego, visión y habilidad con los pases para romper líneas y puede pasar balones por arriba a los atacantes de su equipo.

NACIONALIDAD
Italiana

CLUB ACTUAL
Flamengo

21

F. NACIMIENTO	20/12/1991
POSICIÓN	CENTROCAMPISTA DEFENSIVO
ESTATURA	1,80 M
DEBUT	2010
PIE PREFERIDO	AMBOS

ASISTENCIAS
28

APARICIONES
425

REGATES
297

PENALTIS MARCADOS
35

PASES
29162

PASES CON ÉXITO
89,3%

GOLES
40

TIROS
179

OCASIONES CREADAS
400

ENTRADAS
820

PALMARÉS EN CLUBES

⚽ Premier League: Subcampeón 2023, subcampeón 2024, subcampeón 2025 ⚽ UEFA Champs League: 2021 (Chelsea) ⚽ UEFA Europa League: 2019 (Chelsea) ⚽ Copa Mundial de Clubes de la FIFA: 2021 (Chelsea) ⚽ FA Cup: Subcampeón 2020-2022 (Chelsea) ⚽ Coppa Italia: 2014 (Nápoles)

PALMARÉS INTERNACIONAL

⚽ Campeonato de Europa de la UEFA: 2020
⚽ UEFA Nations League: Tercer puesto 2021, tercer puesto 2023

ÁREAS DE ACTIVIDAD

10

NACIONALIDAD
Argentina

CLUB ACTUAL
Liverpool

ALEXIS MAC ALLISTER

Alexis Mac Allister es un centrocampista versátil, igual de eficiente en funciones de central, atacante o defensa. Tiene gran conciencia posicional, lo que le permite desbaratar ataques y, después, dar pases largos y precisos desde atrás a compañeros en posiciones de ataque peligrosas.

F. NACIMIENTO	24/12/1998
POSICIÓN	MEDIOCENTRO
ESTATURA	1,76 M
DEBUT	2016
PIE PREFERIDO	DERECHO

APARICIONES
180

ASISTENCIAS
17

REGATES
232

PASES
7280

PASES CON ÉXITO
86,5%

PENALTIS MARCADOS
10

GOLES
29

TIROS
272

OCASIONES CREADAS
213

ENTRADAS
391

PALMARÉS EN CLUBES
⚽ Premier League: 2025 ⚽ EFL Cup: 2024, subcampeón 2025

PALMARÉS INTERNACIONAL
⚽ Copa Mundial de la FIFA: 2022
⚽ Copa América: 2024
⚽ Copa de Campeones Conmebol-UEFA: 2022

ÁREAS DE ACTIVIDAD

WESTON MCKENNIE

Duro y competitivo en el campo, Weston McKennie es un centrocampista que gana el balón con instinto para romper el juego e interrumpir el flujo de los rivales. Le gustan las carreras al área para unirse a los ataques y, además, ofrece otra arma en ataque: sus extraordinarios tiros largos.

NACIONALIDAD
Estadounidense

CLUB ACTUAL
Juventus

F. NACIMIENTO	28/08/1998
POSICIÓN	MEDIOCENTRO
ESTATURA	1,85 M
DEBUT	2017
PIE PREFERIDO	DERECHO

ASISTENCIAS
21

APARICIONES
269

REGATES
303

PENALTIS MARCADOS
0

PASES
7328
PASES CON ÉXITO
79,6%

GOLES
23

TIROS
213

OCASIONES CREADAS
222

ENTRADAS
331

PALMARÉS EN CLUBES
⚽ Coppa Italia: 2021, 2024

PALMARÉS INTERNACIONAL
⚽ Liga de Naciones CONCACAF: 2020, 2023, 2024
⚽ CONCACAF Gold Cup: Subcampeón 2019

ÁREAS DE ACTIVIDAD

14

NACIONALIDAD
Croata

CLUB ACTUAL
AC Milán

LUKA MODRIĆ

Jugador *top* desde hace más de 20 años (13 temporadas en el Real Madrid) y ganador del Balón de Oro en 2018, Luka Modrić sigue siendo capaz de dar momentos de magia en el campo. Tiene un gran cerebro futbolístico, puede hacer pases largos y cortos con ambos pies y realizar tiros de largo alcance, sobre todo tiros libres.

F. NACIMIENTO	09/09/1985
POSICIÓN	MEDIOCENTRO OFENSIVO
ESTATURA	1,72 M
DEBUT	2003
PIE PREFERIDO	DERECHO

APARICIONES
677

REGATES
1513

ASISTENCIAS
99

PENALTIS MARCADOS
5

PASES
37487
PASES CON ÉXITO
89,2%

GOLES
53

TIROS
765

OCASIONES CREADAS
1057

ENTRADAS
842

PALMARÉS EN CLUBES
⚽ La Liga: 2017, 2020, 2022
⚽ UEFA Champions League: 2014, 2016, 2017, 2018, 2022, 2024
⚽ Supercopa de la UEFA: 2014, 2016, 2017, 2022
⚽ Copa Mundial de Clubes de la FIFA: 2014, 2016, 2017, 2018, 2022
⚽ Copa del Rey: 2014, 2023. (Todo con Real Madrid)

PALMARÉS INTERNACIONAL
⚽ Copa Mundial de la FIFA: Subcampeón 2018, tercer puesto 2022
⚽ UEFA Nations League: Subcampeón 2023

ÁREAS DE ACTIVIDAD

THOMAS MÜLLER

Thomas Müller es un mediocentro ofensivo peligroso, que marca innumerables goles jugando justo detrás de un delantero solitario. Este potente alemán es fuerte mentalmente, inteligente a nivel táctico y genial a la hora de encontrar huecos en la defensa rival. En 2025, dejó el Bayern de Múnich tras 25 años en el club.

NACIONALIDAD
Alemana

CLUB ACTUAL
Vancouver Whitecaps

F. NACIMIENTO	13/09/1989
POSICIÓN	SEGUNDO PUNTA
ESTATURA	1,85 M
DEBUT	2008
PIE PREFERIDO	DERECHO

APARICIONES
668

ASISTENCIAS
198

REGATES
1072

PASES
20852

PENALTIS MARCADOS
22

PASES CON ÉXITO
76,9%

GOLES
207

TIROS
1245

OCASIONES CREADAS
1222

ENTRADAS
664

PALMARÉS EN CLUBES
⚽ Bundesliga: 2010, 2013, 2014, 2015, 2016, 2017, 2018, 2019, 2020, 2021, 2022, 2023, 2025 ⚽ DFB-Pokal: 2010, 2013, 2014, 2016, 2019, 2020 ⚽ UEFA Champions League: Subcampeón 2010, subcampeón 2012, 2013, 2020 ⚽ Copa Mundial de Clubes de la FIFA: 2013, 2020

PALMARÉS INTERNACIONAL
⚽ Copa Mundial de la FIFA: 2014, tercer puesto 2010
⚽ Campeonato de Europa de la UEFA: Tercer puesto 2012

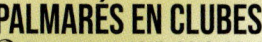

ÁREAS DE ACTIVIDAD

49

10

NACIONALIDAD
Alemana

CLUB ACTUAL
Bayern de Múnich

JAMAL MUSIALA

Entre la nueva generación de superestrellas del Bayern, Jamal Musiala es un jugador de ocasiones importantes, afamado por su ritmo excepcional y sus pies rápidos. Con un juego bonito de ver, puede regatear a los defensas, encontrar a compañeros con pases medidos al milímetro y chutar con potencia desde cualquier distancia.

F. NACIMIENTO	26/02/2003
POSICIÓN	MEDIOCENTRO OFENSIVO/EXTREMO
ESTATURA	1,84 M
DEBUT	2020
PIE PREFERIDO	DERECHO

ASISTENCIAS
30

APARICIONES
185

REGATES
802

PENALTIS MARCADOS
0

PASES
5044

PASES CON ÉXITO
84,4%

GOLES
52

TIROS
336

OCASIONES CREADAS
235

ENTRADAS
226

PALMARÉS EN CLUBES
⚽ Bundesliga: 2020, 2021, 2022, 2023, 2025
⚽ UEFA Champions League: 2020
⚽ Copa Mundial de Clubes de la FIFA: 2020

PALMARÉS INTERNACIONAL
⚽ Nada hasta la fecha

ÁREAS DE ACTIVIDAD

COLE PALMER

Aunque Cole Palmer es un zurdo natural, es más que competente con el pie derecho, lo que lo convierte en un regateador fuerte que puede abrir las defensas más férreas. Con mucha fuerza mental y autoconfianza, golpea el balón con suavidad, sobre todo en penaltis y tiros de falta.

 **NACIONALIDAD**
Inglesa

CLUB ACTUAL
Chelsea

 10

F. NACIMIENTO	06/05/2002
POSICIÓN	MEDIOCENTRO OFENSIVO
ESTATURA	1,85 M
DEBUT	2020
PIE PREFERIDO	IZQUIERDO

APARICIONES
104

ASISTENCIAS
23

REGATES
258

PENALTIS MARCADOS
13

PASES
3192

PASES CON ÉXITO
84%

GOLES
39

TIROS
273

OCASIONES CREADAS
177

ENTRADAS
74

PALMARÉS EN CLUBES
- Premier League: 2023 (Manchester City)
- UEFA Champions League: 2023 (Manchester City)
- Copa Mundial de Clubes de la FIFA: 2025
- UEFA Conference League: 2025
- FA Cup: 2023 (Manchester City)

PALMARÉS INTERNACIONAL
- Campeonato de Europa de la UEFA: Subcampeón 2024

ÁREAS DE ACTIVIDAD

11

NACIONALIDAD
Estadounidense

CLUB ACTUAL
AC Milán

CHRISTIAN PULISIC

Aunque es capaz de jugar en cualquier posición de ataque, últimamente Christian Pulisic ha estado jugando como extremo, donde puede alardear de su velocidad, fuerza y capacidad para tomar decisiones. Puede adelantar a los defensas por dentro o por fuera, meterse con peligro en el área y marcar goles.

F. NACIMIENTO	18/09/1998
POSICIÓN	EXTREMO DCHO.
ESTATURA	1,77 M
DEBUT	2016
PIE PREFERIDO	AMBOS

APARICIONES
335

ASISTENCIAS
52

REGATES
1253

PENALTIS MARCADOS
3

PASES
7686

PASES CON ÉXITO
81%

GOLES
70

TIROS
485

OCASIONES CREADAS
365

ENTRADAS
311

PALMARÉS EN CLUBES
⚽ UEFA Champions League: 2021 (Chelsea)
⚽ Supercopa de la UEFA: 2021 (Chelsea)
⚽ Copa Mundial de Clubes de la FIFA: 2021 (Chelsea)
⚽ DFB-Pokal: 2017 (Borussia Dortmund)

PALMARÉS INTERNACIONAL
⚽ Liga de Naciones CONCACAF: 2020, 2023, 2024
⚽ Copa Oro de CONCACAF: Subcampeón 2019

ÁREAS DE ACTIVIDAD

DECLAN RICE

Declan Rice ha sido considerado durante mucho tiempo un centrocampista defensivo excepcional; ahora ha descubierto su don para el ataque jugando como mediocentro. Ha añadido su habilidad con el balón, pases, centros y tiros desde lejos a sus cualidades atléticas y su capacidad para las entradas.

NACIONALIDAD
Inglesa

CLUB ACTUAL
Arsenal

41

F. NACIMIENTO	14/01/1999
POSICIÓN	PIVOTE
ESTATURA	1,87 M
DEBUT	2017
PIE PREFERIDO	DERECHO

ASISTENCIAS
29

APARICIONES
321

REGATES
415

PENALTIS MARCADOS
1

PASES
15358

PASES CON ÉXITO
88,7%

GOLES
29

TIROS
296

OCASIONES CREADAS
254

ENTRADAS
681

PALMARÉS EN CLUBES
⚽ Premier League: Subcampeón 2024, subcampeón 2025
⚽ UEFA Europa Conference League: 2023 (West Ham Utd)

PALMARÉS INTERNACIONAL
⚽ Campeonato de Europa de la UEFA: Subcampeón 2020 (2021), subcampeón 2024
⚽ UEFA Nations League: Tercer puesto 2019

ÁREAS DE ACTIVIDAD

7

NACIONALIDAD
Inglesa

CLUB ACTUAL
Arsenal

BUKAYO SAKA

La versatilidad de Bukayo Saka, estrella emergente del fútbol mundial, es solo uno de sus talentos. Igual de bueno a ambos lados como lateral o carrilero, su creatividad, su sentido posicional y su talento para las entradas, los tiros y los pases brillan más cuando juega como interior derecho.

F. NACIMIENTO	05/09/2001
POSICIÓN	EXTREMO
ESTATURA	1,78 M
DEBUT	2018
PIE PREFERIDO	IZQUIERDO

ASISTENCIAS
59

APARICIONES
238

REGATES
752

PASES
6981

PASES CON ÉXITO
82%

GOLES
68

PENALTIS MARCADOS
12

TIROS
510

OCASIONES CREADAS
413

ENTRADAS
312

PALMARÉS EN CLUBES
⚽ Premier League: Subcampeón 2023, subcampeón 2024, subcampeón 2025
⚽ FA Cup: 2020
⚽ UEFA Europa League: Subcampeón 2019

PALMARÉS INTERNACIONAL
⚽ Campeonato de Europa de la UEFA: Subcampeón 2020 (2021), subcampeón 2024

ÁREAS DE ACTIVIDAD

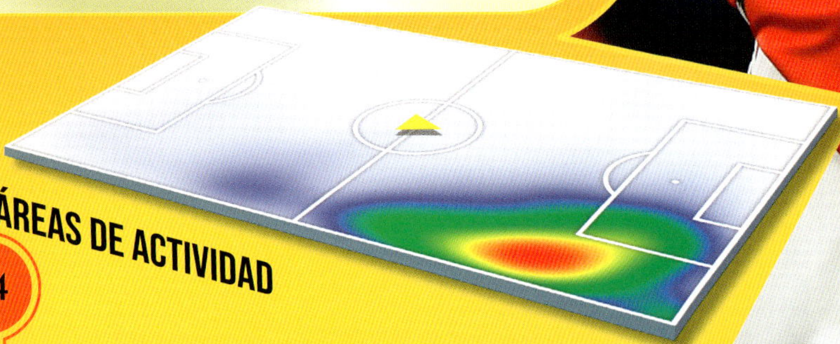

LEROY SANÉ

Leroy Sané es casi el ejemplo perfecto de un extremo derecho, salvo porque su pie izquierdo es más fuerte. Tiene todos los demás atributos para ser aterrador por las bandas: gran control del balón, buen sentido táctico de la posición, regates de primera clase y un ritmo espectacular para batir a los defensas.

NACIONALIDAD
Alemana

CLUB ACTUAL
Galatasaray

F. NACIMIENTO	11/01/1996
POSICIÓN	EXTREMO
ESTATURA	1,83 M
DEBUT	2014
PIE PREFERIDO	IZQUIERDO

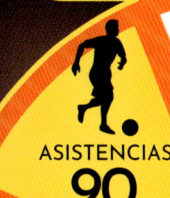

APARICIONES
371

ASISTENCIAS
90

REGATES
1651

PENALTIS MARCADOS
0

PASES
10317

PASES CON ÉXITO
83,3%

GOLES
100

TIROS
783

OCASIONES CREADAS
510

ENTRADAS
382

PALMARÉS EN CLUBES
⚽ Bundesliga: 2021, 2022, 2023, 2025 (todas con Bayern de Múnich) ⚽ Copa Mundial de Clubes de la FIFA: 2020 2021 (todas con Bayern de Múnich) ⚽ Supercopa de la UEFA: 2020 (Bayern de Múnich) ⚽ Premier League: 2018, 2019 (todas con Manchester City) ⚽ FA Cup: 2019 (Manchester City)

PALMARÉS INTERNACIONAL
⚽ Copa FIFA Confederaciones: 2017

ÁREAS DE ACTIVIDAD

20

NACIONALIDAD
Belga

CLUB ACTUAL
Girona

AXEL WITSEL

Axel Witsel se ha convertido en una presencia fuerte en el centro del campo. Aún tiene la habilidad para dirigir a su equipo hacia delante tanto con su juego como con su capacidad de liderazgo, además de colocar pases peligrosos con cualquier pie.

F. NACIMIENTO	12/01/1989
POSICIÓN	CENTROCAMPISTA DEFENSIVO
ESTATURA	1,86 M
DEBUT	2006
PIE PREFERIDO	DERECHO

APARICIONES
296

ASISTENCIAS
12

REGATES
220

PENALTIS MARCADOS
1

PASES
15897
PASES CON ÉXITO
91,9%

GOLES
21

TIROS
206

OCASIONES CREADAS
110

ENTRADAS
427

PALMARÉS EN CLUBES
⚽ DFL-Pokal: 2021 (Borussia Dortmund)
⚽ DFL-Supercup: 2019 (Borussia Dortmund)

PALMARÉS INTERNACIONAL
⚽ Copa Mundial de la FIFA: Tercer puesto 2018

ÁREAS DE ACTIVIDAD

GRANIT XHAKA

Granit Xhaka hace que cualquier equipo para el que juegue sea mucho más difícil de vencer con sus actuaciones como mediocentro defensivo. Uno de los jugadores más en forma de la actualidad, combina una energía ilimitada con un gran sentido de la posición y una buena técnica para las entradas, y sus rivales no deben subestimar su capacidad para chutar desde lejos.

NACIONALIDAD
Suiza

CLUB ACTUAL
Sunderland

34

F. NACIMIENTO	27/09/1992
POSICIÓN	CENTROCAMPISTA DEFENSIVO
ESTATURA	1,86 M
DEBUT	2010
PIE PREFERIDO	IZQUIERDO

ASISTENCIAS
41

APARICIONES
494

REGATES
489

PENALTIS MARCADOS
1

PASES
34461

PASES CON ÉXITO
88,1%

GOLES
34

TIROS
532

OCASIONES CREADAS
502

ENTRADAS
865

PALMARÉS EN CLUBES
⚽ Bundesliga: 2024 ⚽ UEFA Europa League: Subcampeón 2019 (Arsenal), subcampeón 2024 ⚽ DFB-Pokal: 2024 ⚽ FA Cup: 2017, 2020 (Arsenal) ⚽ Swiss Super League: 2011, 2012 (todas con Basel)

PALMARÉS INTERNACIONAL
⚽ Nada hasta la fecha

ÁREAS DE ACTIVIDAD

DELANTEROS

Los delanteros son la primera línea de ataque y los principales goleadores de un equipo. También son los jugadores más célebres de los equipos. Ya sean jugadores bajos y rápidos, como Neymar Jr. y Mohamed Salah, o atacantes más grandes y físicos, como Erling Haaland y Romelu Lukaku, los delanteros han perfeccionado el arte de encontrar el fondo de la red con regularidad. Además de marcar muchos goles, los mejores delanteros del mundo también son efectivos a la hora de crear oportunidades para sus compañeros de equipo.

¿QUÉ SIGNIFICAN ESTAS ESTADÍSTICAS?

GOLES

Es el número total de goles que ha marcado un delantero. La cifra abarca todos los clubes importantes a los que ha pertenecido el jugador hasta ahora en su carrera.

TASA DE CONVERSIÓN

El porcentaje muestra lo bueno que es el jugador a la hora de aprovechar sus ocasiones frente a la portería. Si un jugador marca dos goles en cuatro tiros, su tasa de conversión es del 50 %.

ASISTENCIAS

Un pase, centro o cabezazo a un compañero de equipo que después marca cuenta como asistencia. Esta estadística incluye también los tiros desviados que convierte un compañero.

128 MINUTOS POR GOL

Es el periodo de tiempo medio que tarda el jugador en marcar. Se calcula según los minutos que el futbolista ha jugado en su carrera al máximo nivel.

¿Lo sabías?

Un *hat-trick* perfecto es aquel en el que el jugador marca un gol con el pie derecho, uno con el izquierdo y uno de cabeza. No importa en qué orden los marque.

JONATHAN DAVID

NACIONALIDAD
Canadiense

CLUB ACTUAL
Juventus

30

Jonathan David es pura energía en el campo y combina velocidad, equilibrio y un excelente control del balón. Por lo general, actúa como segundo delantero, apoyándose en un delantero de referencia, y encuentra espacios en las defensas rivales, a través de las cuales puede correr o enviar pases con precisión milimétrica.

F. NACIMIENTO	14/01/2000
POSICIÓN	DELANTERO CENTRO
ESTATURA	1,78 M
DEBUT	2018
PIE PREFERIDO	AMBOS

GOLES
103

PENALTIS MARCADOS
24

ASISTENCIAS
19

APARICIONES
219

TASA DE CONVERSIÓN
22,2%

MINUTOS POR GOL
162

GOLES IZDA.
33

GOLES DCHA.
63

HAT-TRICKS
3

GOLES DE CABEZA
7

TIROS
464

PALMARÉS EN CLUBES
⚽ Ligue 1: 2021 (Lille)

PALMARÉS INTERNACIONAL
⚽ Nada hasta la fecha

ÁREAS DE ACTIVIDAD

60

MEMPHIS DEPAY

Memphis Depay es un delantero que juega con intensidad. Es un excelente regateador y puede jugar como extremo izquierdo o delantero izquierdo. Es un jugador valiente y desafiará a los jugadores más grandes en medio del área de peligro.

NACIONALIDAD
Holandesa

CLUB ACTUAL
Corinthians

10

F. NACIMIENTO	13/02/1994
POSICIÓN	EXTREMO
ESTATURA	1,78 M
DEBUT	2011
PIE PREFERIDO	DERECHO

GOLES
118

PENALTIS MARCADOS
20

ASISTENCIAS
65

APARICIONES
330

TASA DE CONVERSIÓN
14%

MINUTOS POR GOL
184

GOLES IZDA.
19

GOLES DCHA.
94

HAT-TRICKS
3

GOLES DE CABEZA
5

TIROS
841

PALMARÉS EN CLUBES
⚽ La Liga: 2023 (Barcelona)
⚽ Eredivisie: 2015 (PSV Eindhoven)
⚽ KNVB Cup: 2012 (PSV Eindhoven)
⚽ Coupe de La Ligue: Subcampeón 2020 (Lyon)

PALMARÉS INTERNACIONAL
⚽ Copa Mundial de la FIFA: Tercer puesto 2014

ÁREAS DE ACTIVIDAD

79

NACIONALIDAD
Portuguesa

CLUB ACTUAL
Al-Nassr

JOÃO FÉLIX

El portugués João Félix se ha convertido en un goleador inteligente y con un don a nivel técnico. Probablemente su mejor rendimiento es como segundo delantero, enlazando con el centro del campo y haciendo carreras al área, tiene buena visión, control, talento para los regates y habilidad con los pases.

F. NACIMIENTO	10/11/1999
POSICIÓN	DELANTERO
ESTATURA	1,81 M
DEBUT	2016
PIE PREFERIDO	DERECHO

GOLES
56

PENALTIS MARCADOS
4

APARICIONES
223

ASISTENCIAS
21

TASA DE CONVERSIÓN
12,3%

GOLES IZDA.
9

MINUTOS POR GOL
223

GOLES DCHA.
42

HAT-TRICKS
1

GOLES DE CABEZA
5

TIROS
455

PALMARÉS EN CLUBES
⚽ Copa Mundial de Clubes de la FIFA: 2025
⚽ La Liga: 2021 (Atlético de Madrid)
⚽ Primeira Liga: 2019 (Benfica)

PALMARÉS INTERNACIONAL
⚽ UEFA Nations League: 2019, 2025

ÁREAS DE ACTIVIDAD

PHIL FODEN

Phil Foden puede jugar en muchas posiciones: en cualquier extremo o en el centro como delantero o como centrocampista para crear juego. Zurdo natural, tiene un primer toque excepcional, buen control, elegancia, equilibrio, conocimiento táctico, un tiro potente, ritmo y resistencia. ¡Puede ser el héroe del partido cuando tiene un buen día!

NACIONALIDAD
Inglesa

CLUB ACTUAL
Manchester City

47

F. NACIMIENTO	28/05/2000
POSICIÓN	SEGUNDO DELANTERO
ESTATURA	1,71 M
DEBUT	2016
PIE PREFERIDO	IZQUIERDO

GOLES
79

PENALTIS MARCADOS
0

ASISTENCIAS
40

APARICIONES
254

TASA DE CONVERSIÓN
16%

MINUTOS POR GOL
198

GOLES IZDA.
61

GOLES DCHA.
15

HAT-TRICKS
3

GOLES DE CABEZA
3

TIROS
495

PALMARÉS EN CLUBES
- Premier League: 2018, 2019, 2021, 2022, 2023, 2024
- UEFA Champions League: 2023, subcampeón 2021
- Supercopa de la UEFA: 2023
- Copa Mundial de Clubes de la FIFA: 2023
- FA Cup: 2019, 2023, subcampeón 2024

PALMARÉS INTERNACIONAL
- Campeonato de Europa de la UEFA: Subcampeón 2020, 2024

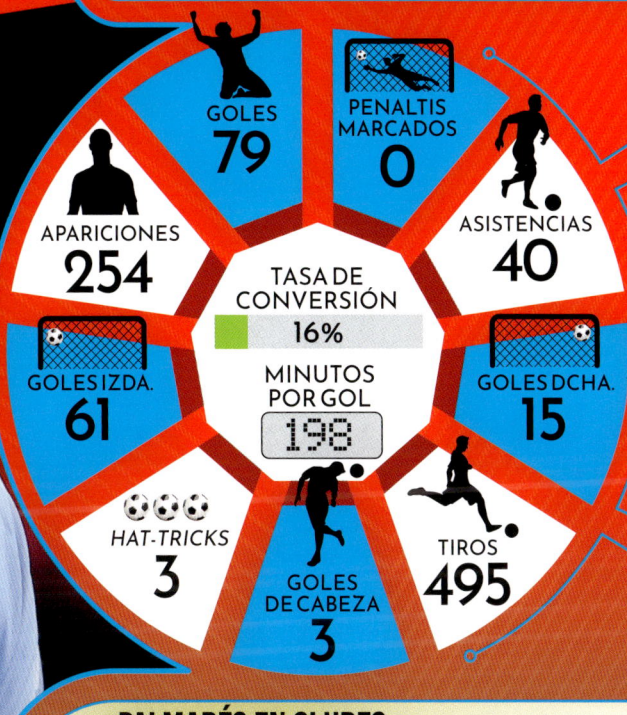

ÁREAS DE ACTIVIDAD

NACIONALIDAD
Francesa

CLUB ACTUAL
Lille

OLIVIER GIROUD

Olivier Giroud es mucho más que un delantero que recibe balones, porque su tasa de trabajo y su sentido posicional hacen que sea muy difícil de defender cuando está cerca de la portería. Utiliza su físico para retener y proteger el balón y es famoso por sus pases, tiros y cabezazos precisos.

F. NACIMIENTO	30/09/1986
POSICIÓN	DELANTERO CENTRO
ESTATURA	1,93 M
DEBUT	2005
PIE PREFERIDO	IZQUIERDO

GOLES
205

PENALTIS MARCADOS
23

ASISTENCIAS
72

APARICIONES
539

TASA DE CONVERSIÓN
15,9%

MINUTOS POR GOL
168

GOLES IZDA.
123

GOLES DCHA.
20

HAT-TRICKS
7

GOLES DE CABEZA
61

TIROS
1292

PALMARÉS EN CLUBES
⚽ Serie A: 2022 (AC Milán) ⚽ UEFA Champions League: 2021 (Chelsea) ⚽ UEFA Europa League: 2019 (Chelsea)
⚽ Ligue 1: 2012 (Montpellier) ⚽ US Open Cup: 2024
⚽ FA Cup: 2014, 2015, 2017 (todas con Arsenal), 2018 (Chelsea)
2017 (Arsenal), 2018 (Chelsea)

PALMARÉS INTERNACIONAL
⚽ Copa Mundial de la FIFA 2018: Subcampeón 2022
⚽ Campeonato de Europa de la UEFA: Subcampeón 2016

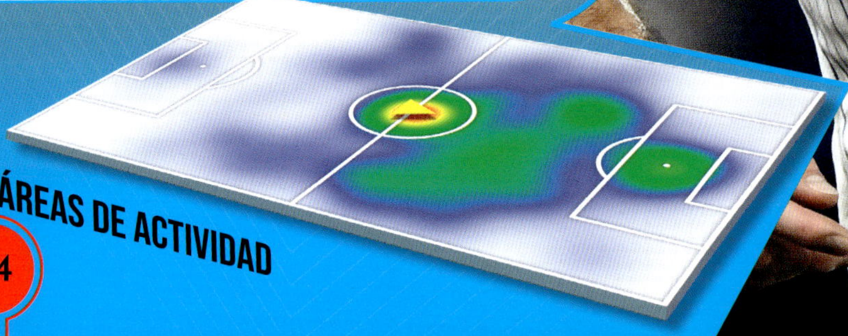

ÁREAS DE ACTIVIDAD

ANTOINE GRIEZMANN

Conocido por ser el jugador de equipo definitivo, Antoine Griezmann es capaz de desempeñar todos los papeles ofensivos, ya sea como delantero, mediocentro ofensivo, falso 9 o desde las bandas. Es un excelente compañero de equipo, que usa su experiencia para hacer mejores a los que están a su alrededor en todas las situaciones.

NACIONALIDAD
Francesa

CLUB ACTUAL
Atlético de Madrid

F. NACIMIENTO	21/03/1991
POSICIÓN	DELANTERO CENTRO
ESTATURA	1,76 M
DEBUT	2009
PIE PREFERIDO	IZQUIERDO

GOLES
246

PENALTIS MARCADOS
16

ASISTENCIAS
102

APARICIONES
644

TASA DE CONVERSIÓN
16,4%

MINUTOS POR GOL
200

GOLES IZDA.
181

GOLES DCHA.
34

HAT-TRICKS
5

GOLES DE CABEZA
31

TIROS
1501

PALMARÉS EN CLUBES
⚽ UEFA Champions League: Subcampeón 2016
⚽ UEFA Europa League 2018
⚽ Supercopa de la UEFA 2018
⚽ Copa del Rey 2021 (Barcelona)

PALMARÉS INTERNACIONAL
⚽ Copa Mundial de la FIFA: 2018, subcampeón 2022
⚽ Campeonato de Europa de la UEFA: Subcampeón 2016
⚽ UEFA Nations League: 2021

ÁREAS DE ACTIVIDAD

NACIONALIDAD
Noruega

CLUB ACTUAL
Manchester City

ERLING HAALAND

Erling Haaland aterroriza a los defensas con su ritmo endiablado, capacidad para el juego aéreo, fuerza, energía, habilidad para aparecer en el momento justo e instinto de ataque. Es alto, rapidísimo, bien equilibrado, bueno con ambos pies, excelente pasador y tirador potente de jugada o a balón parado.

F. NACIMIENTO	21/07/2000
POSICIÓN	DELANTERO CENTRO
ESTATURA	1,94 M
DEBUT	2015
PIE PREFERIDO	IZQUIERDO

GOLES
196

PENALTIS MARCADOS
33

APARICIONES
214

ASISTENCIAS
36

TASA DE CONVERSIÓN
26,4%

GOLES IZDA.
142

MINUTOS POR GOL
89

GOLES DCHA.
29

HAT-TRICKS
13

GOLES DE CABEZA
24

TIROS
742

PALMARÉS EN CLUBES
⚽ Premier League: 2023, 2024 ⚽ UEFA Champions League: 2023 ⚽ DFB-Pokal: 2021 (Borussia Dortmund) ⚽ Bundesliga de Austria: 2019, 2020 (Red Bull Salzburg) ⚽ FA Cup: 2023, subcampeón 2024, subcampeón 2025 ⚽ Copa de Austria: 2019 (Red Bull Salzburg)

PALMARÉS INTERNACIONAL
⚽ Nada hasta la fecha

ÁREAS DE ACTIVIDAD

ALEXANDER ISAK

Alexander Isak es un delantero completo, que marca y asiste con ambos pies y de cabeza. Muestra rapidez de pensamiento y movimiento, junto con un gran sentido posicional y buena lectura del momento justo, y además ayuda en defensa cuando es necesario.

NACIONALIDAD
Sueca

CLUB ACTUAL
Liverpool

F. NACIMIENTO	21/09/1999
POSICIÓN	DELANTERO CENTRO
ESTATURA	1,92 M
DEBUT	2016
PIE PREFERIDO	DERECHO

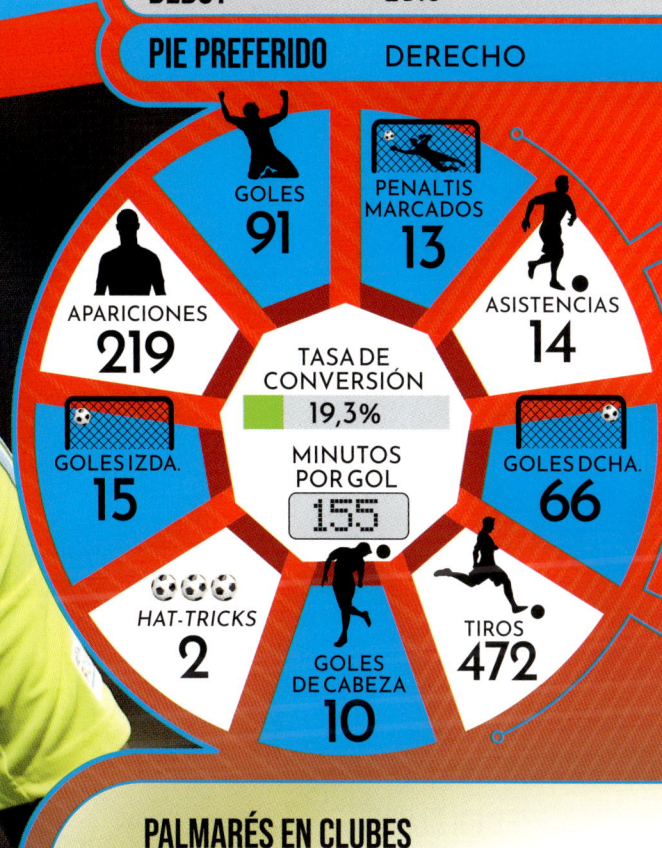

GOLES
91

PENALTIS MARCADOS
13

ASISTENCIAS
14

APARICIONES
219

TASA DE CONVERSIÓN
19,3%

MINUTOS POR GOL
155

GOLES IZDA.
15

GOLES DCHA.
66

HAT-TRICKS
2

GOLES DE CABEZA
10

TIROS
472

PALMARÉS EN CLUBES
⚽ Football League Cup: 2025
⚽ Copa del Rey: 2020 (Real Sociedad)
⚽ DFB-Pokal: 2017 (Borussia Dortmund)

PALMARÉS INTERNACIONAL
⚽ Nada hasta la fecha

ÁREAS DE ACTIVIDAD

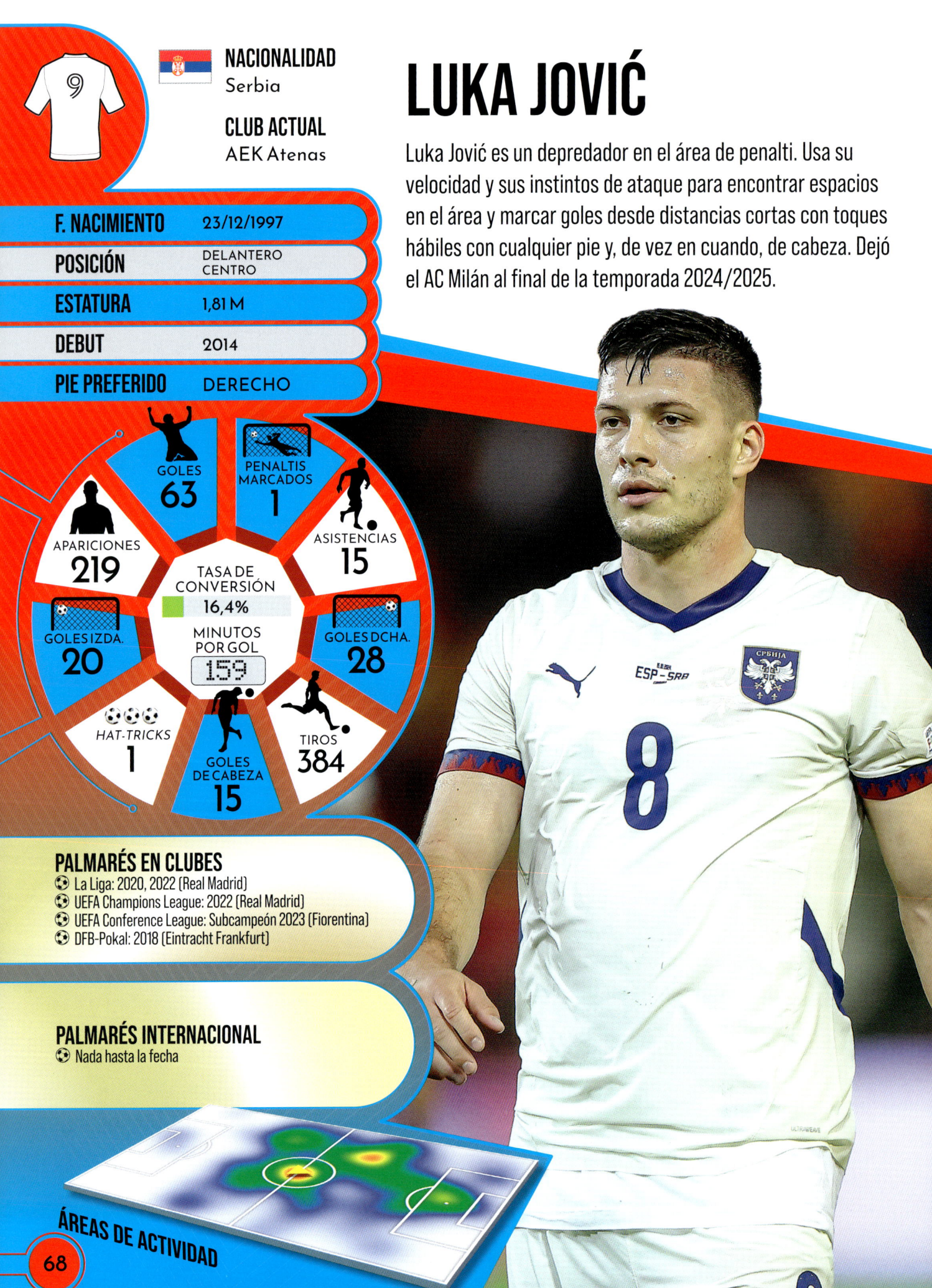

NACIONALIDAD
Serbia

CLUB ACTUAL
AEK Atenas

LUKA JOVIĆ

Luka Jović es un depredador en el área de penalti. Usa su velocidad y sus instintos de ataque para encontrar espacios en el área y marcar goles desde distancias cortas con toques hábiles con cualquier pie y, de vez en cuando, de cabeza. Dejó el AC Milán al final de la temporada 2024/2025.

F. NACIMIENTO	23/12/1997
POSICIÓN	DELANTERO CENTRO
ESTATURA	1,81 M
DEBUT	2014
PIE PREFERIDO	DERECHO

GOLES
63

PENALTIS MARCADOS
1

APARICIONES
219

ASISTENCIAS
15

TASA DE CONVERSIÓN
16,4%

GOLES IZDA.
20

MINUTOS POR GOL
159

GOLES DCHA.
28

HAT-TRICKS
1

GOLES DE CABEZA
15

TIROS
384

PALMARÉS EN CLUBES
⚽ La Liga: 2020, 2022 (Real Madrid)
⚽ UEFA Champions League: 2022 (Real Madrid)
⚽ UEFA Conference League: Subcampeón 2023 (Fiorentina)
⚽ DFB-Pokal: 2018 (Eintracht Frankfurt)

PALMARÉS INTERNACIONAL
⚽ Nada hasta la fecha

ÁREAS DE ACTIVIDAD

HARRY KANE

Harry Kane se ha convertido en el delantero completo. Su potencia en el juego aéreo, habilidad con ambos pies y excelente técnica en el golpeo del balón hacen que sea muy difícil defender contra él. Es más, con pases que rompen la defensa también genera muchas ocasiones para que marquen sus compañeros.

NACIONALIDAD
Inglesa

CLUB ACTUAL
Bayern de Múnich

F. NACIMIENTO	28/07/1993
POSICIÓN	DELANTERO CENTRO
ESTATURA	1,88 M
DEBUT	2009
PIE PREFERIDO	DERECHO

GOLES 330
PENALTIS MARCADOS 58
APARICIONES 475
ASISTENCIAS 79
TASA DE CONVERSIÓN 19,1%
MINUTOS POR GOL 118
GOLES IZDA. 59
GOLES DCHA. 203
HAT-TRICKS 19
GOLES DE CABEZA 66
TIROS 1729

PALMARÉS EN CLUBES
- ⚽ Bundesliga: 2025
- ⚽ UEFA Champions League: Subcampeón 2019 (Tottenham Hotspur)

PALMARÉS INTERNACIONAL
- ⚽ Campeonato de Europa de la UEFA: Subcampeón 2020 (2021), subcampeón 2024
- ⚽ UEFA Nations League: Tercer puesto 2019

ÁREAS DE ACTIVIDAD

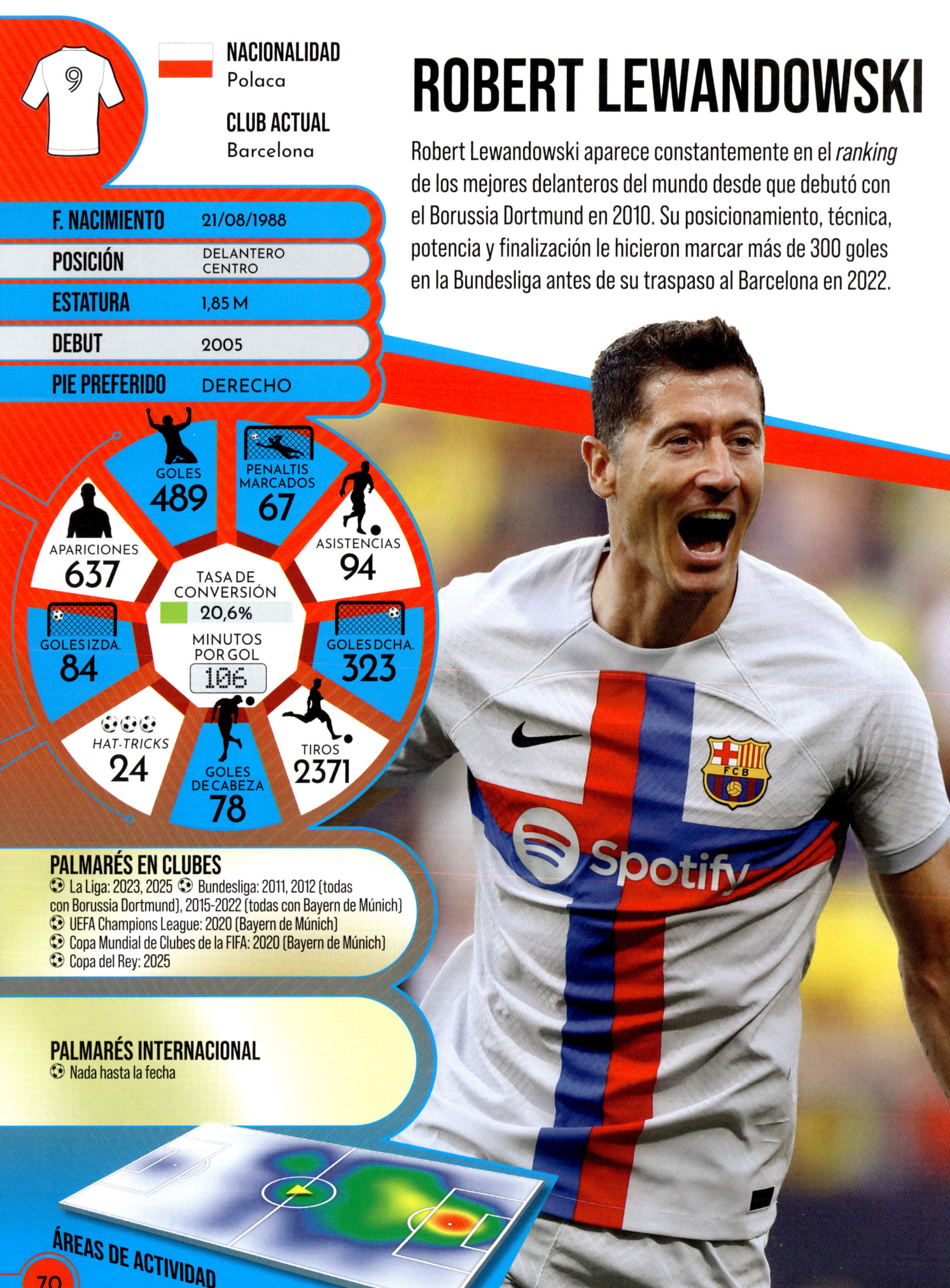

NACIONALIDAD
Polaca

CLUB ACTUAL
Barcelona

ROBERT LEWANDOWSKI

Robert Lewandowski aparece constantemente en el *ranking* de los mejores delanteros del mundo desde que debutó con el Borussia Dortmund en 2010. Su posicionamiento, técnica, potencia y finalización le hicieron marcar más de 300 goles en la Bundesliga antes de su traspaso al Barcelona en 2022.

F. NACIMIENTO	21/08/1988
POSICIÓN	DELANTERO CENTRO
ESTATURA	1,85 M
DEBUT	2005
PIE PREFERIDO	DERECHO

GOLES
489

PENALTIS MARCADOS
67

ASISTENCIAS
94

APARICIONES
637

TASA DE CONVERSIÓN
20,6%

MINUTOS POR GOL
106

GOLES IZDA.
84

GOLES DCHA.
323

HAT-TRICKS
24

GOLES DE CABEZA
78

TIROS
2371

PALMARÉS EN CLUBES
⚽ La Liga: 2023, 2025 ⚽ Bundesliga: 2011, 2012 (todas con Borussia Dortmund), 2015-2022 (todas con Bayern de Múnich)
⚽ UEFA Champions League: 2020 (Bayern de Múnich)
⚽ Copa Mundial de Clubes de la FIFA: 2020 (Bayern de Múnich)
⚽ Copa del Rey: 2025

PALMARÉS INTERNACIONAL
⚽ Nada hasta la fecha

ÁREAS DE ACTIVIDAD

ADEMOLA LOOKMAN

Ademola Lookman se crio en Inglaterra, donde desarrolló sus habilidades, pero fue en Italia donde alcanzó el éxito en el fútbol de máximo nivel. Creativo, dinámico, directo y con un ritmo eléctrico, es rápido con los pies, tiene un gran control, un tiro potente con ambos pies y es excelente en el juego aéreo.

NACIONALIDAD
Nigeriana

CLUB ACTUAL
Atalanta

11

F. NACIMIENTO	20/10/1997
POSICIÓN	EXTREMO
ESTATURA	1,74 M
DEBUT	2015
PIE PREFERIDO	AMBOS

GOLES
67

PENALTIS MARCADOS
4

APARICIONES
249

ASISTENCIAS
34

TASA DE CONVERSIÓN
40,6%

GOLES IZDA.
17

MINUTOS POR GOL
214

GOLES DCHA.
45

HAT-TRICKS
1

GOLES DE CABEZA
5

TIROS
165

PALMARÉS EN CLUBES
⚽ UEFA Europe League: 2024

PALMARÉS INTERNACIONAL
⚽ CAF Copa Africana de Naciones: Subcampeón 2023
⚽ Copa Mundial Sub-20 de la FIFA: 2017 (Inglaterra)

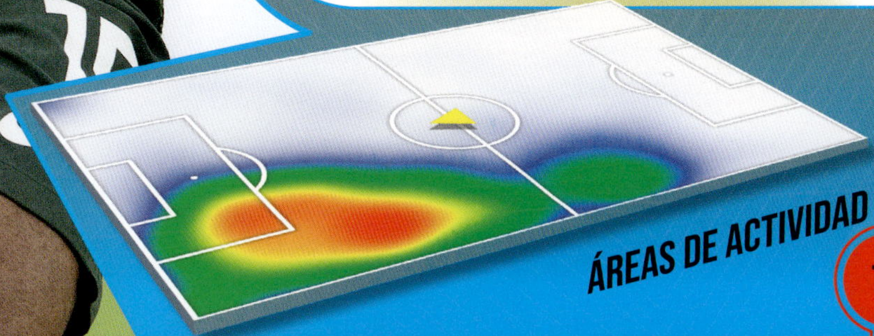

ÁREAS DE ACTIVIDAD

90

NACIONALIDAD
Belga

CLUB ACTUAL
Nápoles

ROMELU LUKAKU

Romelu Lukaku tiene un ritmo endiablado y una gran capacidad para los regates. Aunque suele jugar en el extremo, también puede ser peligroso en el centro del campo, ya que puede saltar muy alto para rematar de cabeza o chutar con fuerza con cualquier pie.

F. NACIMIENTO	13/05/1993
POSICIÓN	DELANTERO CENTRO
ESTATURA	1,91 M
DEBUT	2009
PIE PREFERIDO	IZQUIERDO

GOLES
251

PENALTIS MARCADOS
29

APARICIONES
532

ASISTENCIAS
78

TASA DE CONVERSIÓN
19,3%

MINUTOS POR GOL
159

GOLES IZDA.
144

GOLES DCHA.
59

HAT-TRICKS
4

GOLES DE CABEZA
44

TIROS
1298

PALMARÉS EN CLUBES
⚽ Serie A: 2021 (Inter de Milán), 2025
⚽ UEFA Champions League: Subcampeón 2023 (Inter de Milán)
⚽ Coppa Italia: 2023 (Inter de Milán)
⚽ Copa Mundial de Clubes de la FIFA: 2021 (Chelsea)
⚽ UEFA Europa League: Subcampeón 2020 (Chelsea)

PALMARÉS INTERNACIONAL
⚽ Copa Mundial de la FIFA: Tercer puesto 2018

ÁREAS DE ACTIVIDAD

KYLIAN MBAPPÉ

Ganador de la Copa Mundial de la FIFA con Francia con solo 18 años y subcampeón cuatro años después, está considerado uno de los mejores delanteros del fútbol mundial actual. Este rápido rematador maneja el balón de forma excelente y no solo marca goles con mucha frecuencia, sino que también genera ocasiones para sus compañeros.

NACIONALIDAD
Francesa

CLUB ACTUAL
Real Madrid

F. NACIMIENTO	20/12/1998
POSICIÓN	DELANTERO CENTRO
ESTATURA	1,78 M
DEBUT	2015
PIE PREFERIDO	DERECHO

GOLES
278

PENALTIS MARCADOS
33

APARICIONES
369

ASISTENCIAS
93

TASA DE CONVERSIÓN
21%

GOLES IZDA.
53

MINUTOS POR GOL
102

GOLES DCHA.
217

HAT-TRICKS
14

GOLES DE CABEZA
8

TIROS
1322

PALMARÉS EN CLUBES
⚽ Ligue 1: 2017 (Mónaco), 2018, 2019, 2020, 2022, 2023, 2024 (todas con PSG)
⚽ UEFA Champions League: Subcampeón 2020 (PSG)
⚽ Coupe de France: 2018, 2020, 2021, 2024 (todas con PSG)
⚽ Copa Intercontinental de la FIFA: 2024

PALMARÉS INTERNACIONAL
⚽ Copa Mundial de la FIFA: 2018, subcampeón 2022
⚽ UEFA Nations League: 2021

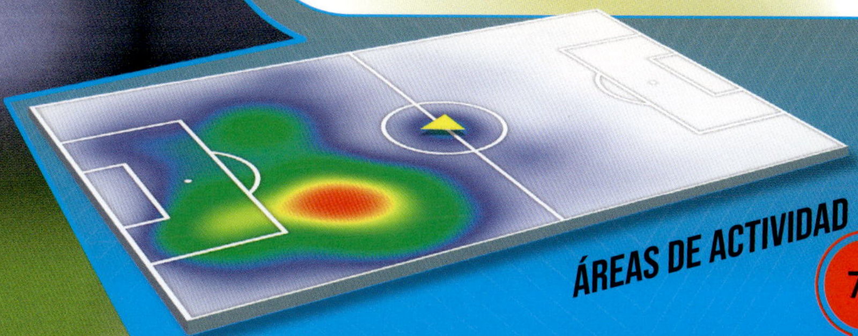

ÁREAS DE ACTIVIDAD

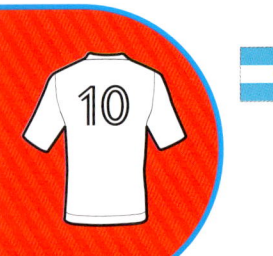

10

NACIONALIDAD
Argentina

CLUB ACTUAL
Inter Miami

F. NACIMIENTO	24/06/1987
POSICIÓN	DELANTERO
ESTATURA	1,70 M
DEBUT	2003
PIE PREFERIDO	IZQUIERDO

LIONEL MESSI

El mejor jugador de su generación, por no decir de todos los tiempos, el ganador de la Copa Mundial de 2022 es un gran organizador de juego con un récord asombroso de goles marcados. También es un regateador rapidísimo que puede crear oportunidades para tirar con cualquier pie, desde cualquier distancia, y rara vez falla.

GOLES
659

PENALTIS MARCADOS
79

ASISTENCIAS
281

APARICIONES
778

TASA DE CONVERSIÓN
18,8%

MINUTOS POR GOL
98

GOLES IZDA.
548

GOLES DCHA.
87

HAT-TRICKS
45

GOLES DE CABEZA
22

TIROS
3504

PALMARÉS EN CLUBES
⚽ Ligue 1: 2022, 2023 (PSG) ⚽ La Liga: 2005, 2006, 2009-2011, 2013, 2015, 2016, 2018, 2019 (todas con Barça) ⚽ UEFA Champions League: 2006, 2009, 2011, 2015 (todas con Barça) ⚽ Supercopa de la UEFA: 2009, 2011, 2015 (todas con Barça) ⚽ Copa Mundial de Clubes de la FIFA: 2009, 2011, 2015 (todas con Barça) ⚽ MLS Leagues Cup: 2023

PALMARÉS INTERNACIONAL
⚽ Copa Mundial de la FIFA: 2022, subcampeón 2014
⚽ Juegos Olímpicos: Oro 2008
⚽ Copa América: 2021, 2024, subcampeón* 2007*, 2015*, 2016*

ÁREAS DE ACTIVIDAD

ÁLVARO MORATA

Álvaro Morata tiene la constitución perfecta para un delantero centro. Alto, fuerte y excelente en el juego aéreo, está cómodo con el balón en los pies. Morata también tiene una velocidad sorprendente y una gran conciencia táctica y posicional.

 **NACIONALIDAD**
Española

CLUB ACTUAL
Como

F. NACIMIENTO	23/10/1992
POSICIÓN	DELANTERO CENTRO
ESTATURA	1,90 M
DEBUT	2010
PIE PREFERIDO	DERECHO

GOLES
164

PENALTIS MARCADOS
7

ASISTENCIAS
57

APARICIONES
480

TASA DE CONVERSIÓN
18%

MINUTOS POR GOL
162

GOLES DCHA.
83

GOLES IZDA.
40

HAT-TRICKS
3

GOLES DE CABEZA
41

TIROS
913

PALMARÉS EN CLUBES
⚽ La Liga: 2012, 2017 (Real Madrid) ⚽ Serie A: 2015, 2016 (todas con Juventus) ⚽ UEFA Champions League: 2014, 2017 (Real Madrid), subcampeón 2015 (Juventus) ⚽ UEFA Europa League: 2019 (Chelsea) ⚽ Supercopa de la UEFA: 2016 (Real Madrid) ⚽ Copa Mundial de Clubes de la FIFA: 2016 (Real Madrid)

PALMARÉS INTERNACIONAL
⚽ Campeonato de Europa de la UEFA: 2024
⚽ UEFA Nations League: 2023, subcampeón 2025
⚽ UEFA European U-21 Championship: 2013

ÁREAS DE ACTIVIDAD

NACIONALIDAD
Brasileña

CLUB ACTUAL
Santos

NEYMAR

La excelente carrera futbolística de Neymar ha cerrado el círculo y el jugador ha vuelto adonde todo empezó, el Santos de Brasil. Sigue teniendo buen ritmo y un regate fenomenal para esquivar a todos los defensas e infunde temor en la defensa rival con su capacidad para la creación de juego.

F. NACIMIENTO	05/02/1992
POSICIÓN	DELANTERO
ESTATURA	1,75 M
DEBUT	2009
PIE PREFERIDO	DERECHO

GOLES
228

PENALTIS MARCADOS
40

APARICIONES
390

ASISTENCIAS
128

TASA DE CONVERSIÓN
19,8%

MINUTOS POR GOL
138

GOLES IZDA.
53

GOLES DCHA.
153

HAT-TRICKS
10

GOLES DE CABEZA
8

TIROS
1152

PALMARÉS EN CLUBES
⚽ La Liga: 2015-2017 (todas con Barça) ⚽ Ligue 1: 2018-2020, 2022, 2023 (todas con PSG) ⚽ UEFA Champions League: 2016 (Barça), subcampeón 2020 (PSG) ⚽ Copa Mundial de Clubes de la FIFA: 2016 (Barça) ⚽ Copa del Rey: 2015-2017 (todas con Barça) ⚽ Coupe de France: 2018, 2020, 2021 (todas con PSG)

PALMARÉS INTERNACIONAL
⚽ Copa América: Subcampeón 2021
⚽ Copa FIFA Confederaciones: 2013
⚽ Juegos Olímpicos: Plata 2012, oro 2016

ÁREAS DE ACTIVIDAD

MARCUS RASHFORD

Marcus Rashford, un gran jugador del que disfrutar cuando está en forma, ha marcado goles increíbles para su club y su selección. Prefiere atacar desde el lado izquierdo para utilizar el pie derecho, que es más eficaz, pero su ritmo y su habilidad para los cabezazos hacen que sea igual de peligroso desde el centro.

NACIONALIDAD
Inglesa

CLUB ACTUAL
Barcelona

14

F. NACIMIENTO	31/10/1997
POSICIÓN	DELANTERO
ESTATURA	1,80 M
DEBUT	2015
PIE PREFERIDO	DERECHO

GOLES
115

PENALTIS MARCADOS
11

ASISTENCIAS
51

APARICIONES
377

TASA DE CONVERSIÓN
14,3%

MINUTOS POR GOL
219

GOLES IZDA.
15

GOLES DCHA.
91

HAT-TRICKS
1

GOLES DE CABEZA
9

TIROS
803

PALMARÉS EN CLUBES
- ⚽ UEFA Europa League: 2017, subcampeón 2021
- ⚽ FA Cup: 2016, subcampeón 2023, 2024
- ⚽ FA Cup: 2016, 2024. Todo con Manchester United

PALMARÉS INTERNACIONAL
- ⚽ Campeonato de Europa de la UEFA: Subcampeón 2020 (2021)
- ⚽ UEFA Nations League: Tercer puesto 2019

ÁREAS DE ACTIVIDAD

NACIONALIDAD
Portuguesa

CLUB ACTUAL
Al-Nassr

CRISTIANO RONALDO

El delantero superestrella, que ahora juega en Arabia Saudí, ha impresionado a aficionados de todo el mundo con sus completas habilidades de ataque. Es una maravilla verlo cuando corre hacia la defensa, es brillante en el juego aéreo y un rematador excelente con un registro de goles extraordinario.

F. NACIMIENTO	05/02/1985
POSICIÓN	DELANTERO
ESTATURA	1,88 M
DEBUT	2002
PIE PREFERIDO	DERECHO

GOLES
704

PENALTIS MARCADOS
139

APARICIONES
820

ASISTENCIAS
189

TASA DE CONVERSIÓN
14,8%

MINUTOS POR GOL
99

GOLES IZDA.
121

GOLES DCHA.
470

HAT-TRICKS
53

GOLES DE CABEZA
111

TIROS
4743

PALMARÉS EN CLUBES

⚽ UEFA Champions League: 2008 (Manchester U.), 2014, 2016-2018 (Real Madrid) ⚽ Copa Mundial de Clubes de la FIFA: 2008 (Manchester U.), 2014, 2016, 2017 (Real Madrid) ⚽ Supercopa de la UEFA: 2014, 2017 (Real Madrid) ⚽ Serie A: 2019, 2020 (Juventus) ⚽ Premier League: 2007-2009 (Manchester U.) ⚽ La Liga: 2012, 2017 (Real Madrid)

PALMARÉS INTERNACIONAL

⚽ Campeonato de Europa de la UEFA: 2016
⚽ UEFA Nations League: 2019, 2025

ÁREAS DE ACTIVIDAD

MOHAMED SALAH

El dos veces ganador del premio al Futbolista Africano del Año es un atacante zurdo brillante que merodea por la banda izquierda. Mo Salah tiene un ritmo increíble con la capacidad de realizar carreras en ángulo y encontrar espacios entre los defensas antes de marcar goles espectaculares.

NACIONALIDAD
Egipcia

CLUB ACTUAL
Liverpool

11

F. NACIMIENTO	15/06/1992
POSICIÓN	EXTREMO
ESTATURA	1,75 M
DEBUT	2010
PIE PREFERIDO	IZQUIERDO

GOLES
278

PENALTIS MARCADOS
42

APARICIONES
508

ASISTENCIAS
132

TASA DE CONVERSIÓN
17,2%

GOLES IZDA.
227

MINUTOS POR GOL
145

GOLES DCHA.
41

HAT-TRICKS
6

GOLES DE CABEZA
10

TIROS
1620

PALMARÉS EN CLUBES
⚽ Premier League: 2020, 2025
⚽ UEFA Champions League: 2019, subcampeón 2018 y 2022
⚽ Supercopa de la UEFA: 2019
⚽ Copa Mundial de Clubes de la FIFA: 2019
⚽ FA Cup: 2022

PALMARÉS INTERNACIONAL
⚽ CAF CAF Copa Africana de Naciones: Subcampeón 2017 y 2021

ÁREAS DE ACTIVIDAD

NACIONALIDAD
Surcoreana

CLUB ACTUAL
Tottenham Hotspur

SON HEUNG-MIN

Cuando más brilla Son Heung-min es cuando juega detrás del primer delantero. Aunque es excelente con ambos pies, su punto fuerte es atacar desde la derecha y convierte muchas oportunidades creadas al bajar el balón o mediante pases en el área.

F. NACIMIENTO	08/07/1992
POSICIÓN	EXTREMO
ESTATURA	1,84 M
DEBUT	2010
PIE PREFERIDO	AMBOS

GOLES 197

PENALTIS MARCADOS 5

ASISTENCIAS 90

APARICIONES 552

TASA DE CONVERSIÓN 16,4%

MINUTOS POR GOL 198

GOLES IZDA. 76

GOLES DCHA. 111

HAT-TRICKS 6

GOLES DE CABEZA 10

TIROS 1198

PALMARÉS EN CLUBES
- UEFA Champions League: Subcampeón 2019
- UEFA Europa League: 2025

PALMARÉS INTERNACIONAL
- Copa Asiática AFC: Subcampeón 2015

ÁREAS DE ACTIVIDAD

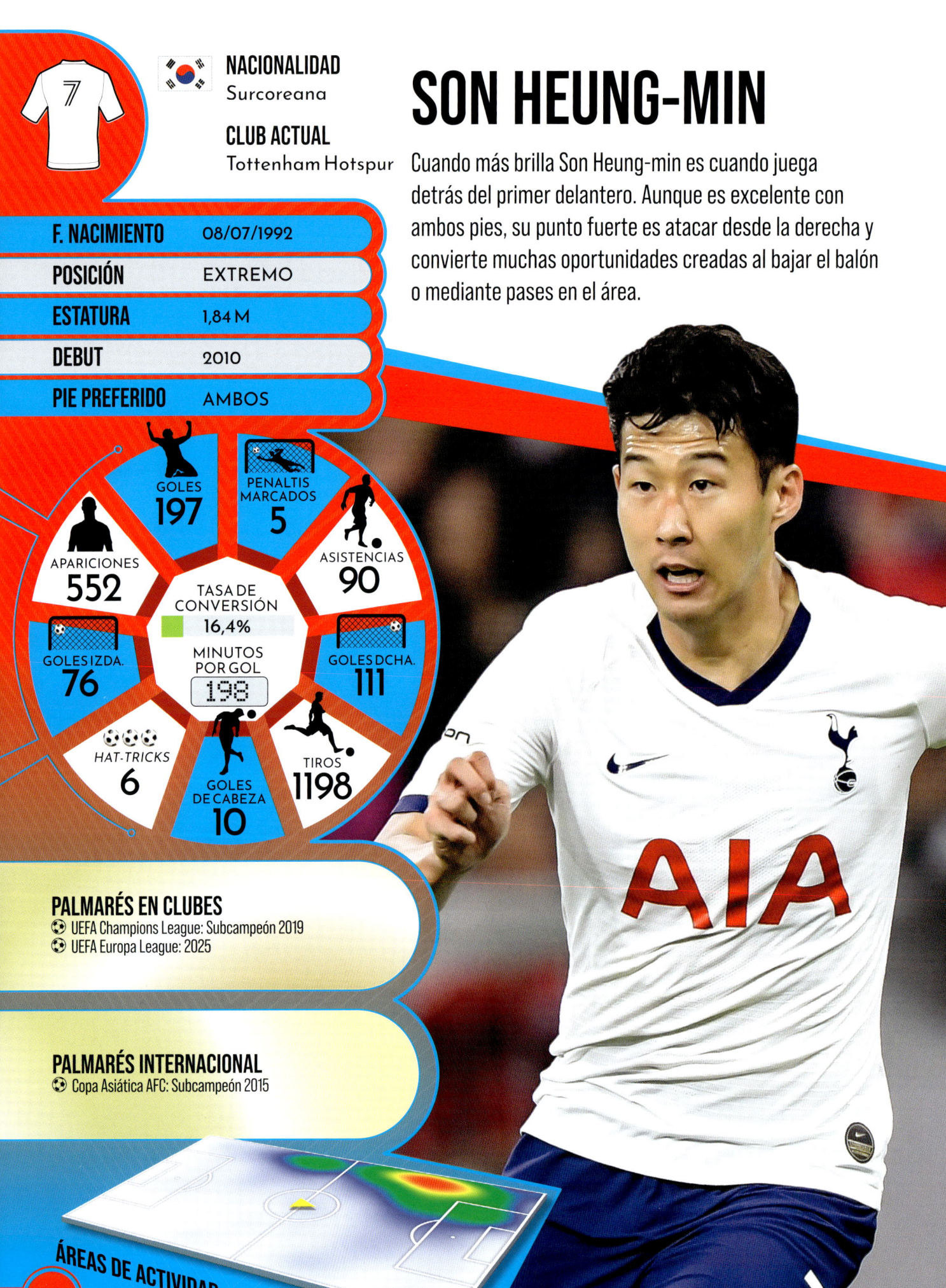

VINÍCIUS JÚNIOR

A Vinícius Júnior le encanta aterrorizar a los laterales derechos, atacar por la banda izquierda, meterse para centrar o chutar con su pie favorito, el derecho. Aporta talento y elegancia, combinados con un ritmo feroz y unos regates fantásticos, lo que lo convierte en un jugador del máximo nivel en la actualidad.

NACIONALIDAD
Brasileña

CLUB ACTUAL
Real Madrid

7

F. NACIMIENTO	12/07/2000
POSICIÓN	EXTREMO
ESTATURA	1,76 M
DEBUT	2017
PIE PREFERIDO	DERECHO

GOLES
97

PENALTIS MARCADOS
5

APARICIONES
313

ASISTENCIAS
63

TASA DE CONVERSIÓN
14,5%

MINUTOS POR GOL
216

GOLES IZDA.
19

GOLES DCHA.
71

HAT-TRICKS
3

GOLES DE CABEZA
5

TIROS
668

PALMARÉS EN CLUBES
⚽ La Liga: 2020, 2022, 2024 ⚽ UEFA Champions League: 2022, 2024 ⚽ Copa Mundial de Clubes de la FIFA: 2018, 2022 ⚽ Supercopa de la UEFA: 2022 ⚽ Copa del Rey: 2023 ⚽ Copa Intercontinental de la FIFA: 2024

PALMARÉS INTERNACIONAL
⚽ Nada hasta la fecha

ÁREAS DE ACTIVIDAD

NACIONALIDAD
Española

CLUB ACTUAL
Atlético de Madrid

NICO WILLIAMS

Nico Williams es otro futbolista que viene de la fábrica de talentos de España. Es, sobre todo, extremo izquierdo, y utiliza su ritmo sublime para dejar atrás a los defensas y colocar pases peligrosos, a menudo creando ocasiones para sus compañeros.

F. NACIMIENTO	12/07/2002
POSICIÓN	EXTREMO IZDO.
ESTATURA	1,81 M
DEBUT	2020
PIE PREFERIDO	DERECHO

GOLES
21

PENALTIS MARCADOS
0

ASISTENCIAS
22

APARICIONES
145

TASA DE CONVERSIÓN
9%

MINUTOS POR GOL
442

GOLES IZDA.
8

GOLES DCHA.
11

HAT-TRICKS
0

GOLES DE CABEZA
2

TIROS
233

PALMARÉS EN CLUBES
⚽ Copa del Rey: 2024

PALMARÉS INTERNACIONAL
⚽ Campeonato de Europa de la UEFA: 2024
⚽ UEFA Nations League: Subcampeón 2025

ÁREAS DE ACTIVIDAD

LAMINE YAMAL

Considerado un prodigio del juego moderno, Lamine Yamal tiene un don a nivel técnico, sobre todo con el pie izquierdo, su preferido, haciendo pases con efecto hacia la portería. También juega como delantero centro o mediocentro ofensivo y emplea su ritmo y su control para batir a los defensas y armar ataques peligrosos.

NACIONALIDAD
Española

CLUB ACTUAL
Barcelona

F. NACIMIENTO	13/07/2007
POSICIÓN	DERECHO DCHO.
ESTATURA	1,80 M
DEBUT	2023
PIE PREFERIDO	IZQUIERDO

GOLES
19

PENALTIS MARCADOS
0

APARICIONES
96

ASISTENCIAS
23

TASA DE CONVERSIÓN
6,9%

MINUTOS POR GOL
355

GOLES IZDA.
17

GOLES DCHA.
2

HAT-TRICKS
0

GOLES DE CABEZA
0

TIROS
277

PALMARÉS EN CLUBES
⚽ La Liga: 2023, 2025
⚽ Copa del Rey: 2025

PALMARÉS INTERNACIONAL
🏆 Campeonato de Europa de la UEFA: 2024
🏆 UEFA Nations League: Subcampeón 2024

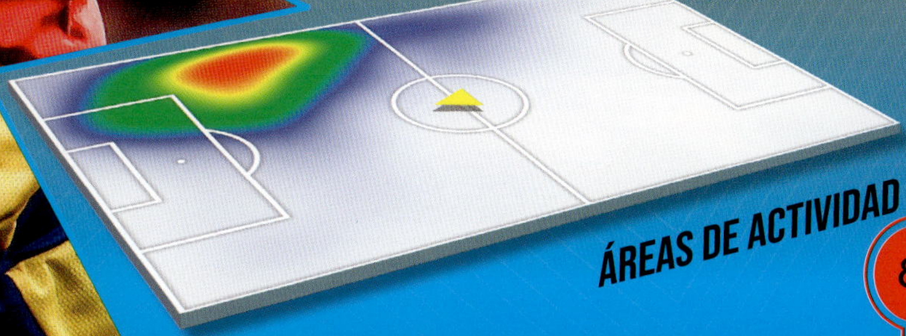

ÁREAS DE ACTIVIDAD

HEAT.ROY

PORTEROS

El portero es la última línea de defensa de un equipo y, a diferencia de otras posiciones, no hay nadie jugando a su lado. Hay más presión sobre los porteros que sobre cualquier otro jugador, porque, cuando un portero comete un error, lo más probable es que el otro equipo marque gol. Todos los guardametas que aparecen en esta sección son geniales a la hora de parar tiros a puerta, pero algunos juegan fuera del área de penalti como porteros-líberos; otros se han labrado una reputación parando penaltis; están también los que son muy buenos atrapando el balón o despejando de puños.

¿QUÉ SIGNIFICAN ESTAS ESTADÍSTICAS?

BALONES ATRAPADOS

Es el número de veces que el portero ha detenido un ataque, normalmente un centro, cogiendo el balón.

PORTERÍA A CERO

Cualquier ocasión en la que el portero no haya encajado ningún gol durante todo el partido cuenta como portería a cero.

GOLES ENCAJADOS

Es el número de goles que ha encajado el portero en su carrera en el fútbol de primer nivel.

PENALTIS ENCARADOS/ PARADOS

Es el número de veces que un portero ha encarado un penalti (excluyendo las tandas) y el éxito que ha tenido parándolos.

DESPEJES DE PUÑOS

Es una medida de la frecuencia con la que el portero se ha enfrentado a un balón peligroso (normalmente un centro) despejando con el puño.

PARADAS

Muestra el número de veces que el portero ha detenido un tiro o cabezazo que iba a puerta.

¿Lo sabías?

Los porteros pueden, en teoría, marcar goles con la mano. Si lanzan el balón desde su área y va directamente a la portería rival, el gol será válido, pero, claro, la pelota tendría que recorrer más de 90 metros, lo cual es improbable.

ALISSON

NACIONALIDAD
Brasileña

CLUB ACTUAL
Liverpool

F. NACIMIENTO	02/10/1992
POSICIÓN	PORTERO
ESTATURA	1,93 M
DEBUT	2013
PIE PREFERIDO	DERECHO

El brasileño ha demostrado en el Liverpool ser un portero de primera. Alisson hace unas paradas magníficas y es muy bueno enfrentándose a centros. Muy rápido en sus salidas para neutralizar cualquier amenaza, puede convertir la defensa en ataque encontrando compañeros con pases largos o cortos.

GOLES ENCAJADOS
357

APARICIONES
386

PENALTIS PARADOS
5

PARADAS
1024

PORTERÍAS A CERO
163

PENALTIS ENCARADOS
29

DESPEJES DE PUÑOS
175

BALONES ATRAPADOS
66

PALMARÉS EN CLUBES
⚽ Premier League: 2020, 2025
⚽ UEFA Champions League: 2019, subcampeón 2022
⚽ Copa Mundial de Clubes de la FIFA: 2019
⚽ FA Cup: 2022

PALMARÉS INTERNACIONAL
⚽ Copa América: 2019, subcampeón 2021

ÁREAS DE ACTIVIDAD

THIBAUT COURTOIS

Thibaut Courtois utiliza su estatura para dominar el área de penalti, atrapando centros y despejando bien de puños. Es ágil a la hora de detener disparos, puede bajar para hacer paradas, se comunica bien con los defensas, es excelente en las salidas y hace buenos pases.

NACIONALIDAD
Belga

CLUB ACTUAL
Real Madrid

F. NACIMIENTO	11/05/1992
POSICIÓN	PORTERO
ESTATURA	1,99 M
DEBUT	2009
PIE PREFERIDO	IZQUIERDO

GOLES ENCAJADOS
502

APARICIONES
542

PENALTIS PARADOS
9

PORTERÍAS A CERO
225

PARADAS
1391

PENALTIS ENCARADOS
51

BALONES ATRAPADOS
131

DESPEJES DE PUÑOS
157

PALMARÉS EN CLUBES
⚽ La Liga: 2014 (Atlético Madrid), 2020, 2022, subcampeón 2023, 2024 ⚽ Prem. League: 2015, 2017 (Chelsea) ⚽ UEFA Champions League: 2022, 2024 ⚽ UEFA Europa League: 2012 (Atlético Madrid.) ⚽ Copa Mundial de Clubes de la FIFA: 2018 ⚽ Supercopa de la UEFA: 2012 (Atlético Madrid) 2022 ⚽ Copa del Rey: 2013 (Atlético Madrid), 2023

PALMARÉS INTERNACIONAL
⚽ Copa Mundial de la FIFA: Tercer puesto 2018

ÁREAS DE ACTIVIDAD

87

GIANLUIGI DONNARUMMA

NACIONALIDAD
Italiana

CLUB ACTUAL
Manchester City

25

F. NACIMIENTO	25/02/1999
POSICIÓN	PORTERO
ESTATURA	1,96 M
DEBUT	2015
PIE PREFERIDO	DERECHO

El italiano es un talento increíble que se convirtió en titular del primer equipo con solo 16 años. Diez años después, sigue estando entre los mejores de mundo. Donnarumma, con una mente fuerte, domina el área, es valiente a los pies de los delanteros, sólido en el aire y excelente deteniendo chutes.

GOLES ENCAJADOS
395

APARICIONES
375

PENALTIS PARADOS
11

PARADAS
1085

PORTERÍAS A CERO
117

PENALTIS ENCARADOS
50

BALONES ATRAPADOS
55

DESPEJES DE PUÑOS
172

PALMARÉS EN CLUBES
- ⚽ Ligue 1: 2022, 2023, 2024, 2025
- ⚽ UEFA Champions League: 2025
- ⚽ Copa Mundial de Clubes de la FIFA: Subcampeón 2025
- ⚽ Coupe de France: 2024
- ⚽ Supercoppa Italiana: 2016 (AC Milán)

PALMARÉS INTERNACIONAL
- ⚽ Campeonato de Europa de la UEFA: 2020 (2021)
- ⚽ UEFA Nations League: Tercer puesto 2021 y 2023

ÁREAS DE ACTIVIDAD

EDERSON

Gracias a su variedad de pases y su gran habilidad con el balón, Ederson está considerado como un portero organizador de juego y se cuenta entre los mejores de la Premier League inglesa. Es bueno deteniendo tiros a puerta y también tiene una buena reputación como un gran parador de penaltis.

NACIONALIDAD
Brasileña

CLUB ACTUAL
Fenerbahce

31

F. NACIMIENTO	17/08/1993
POSICIÓN	PORTERO
ESTATURA	1,88 M
DEBUT	2011
PIE PREFERIDO	IZQUIERDO

GOLES ENCAJADOS
313

APARICIONES
365

PENALTIS PARADOS
6

PORTERÍAS A CERO
153

PARADAS
677

PENALTIS ENCARADOS
41

BALONES ATRAPADOS
37

DESPEJES DE PUÑOS
88

PALMARÉS EN CLUBES
- Premier League: 2018, 2019, 2021, 2022, 2023, 2024
- UEFA Champions League: Subcampeón 2021, 2023
- FA Cup: 2019, 2023, subcampeón 2024 y 2025
- Copa Mundial de Clubes de la FIFA: 2023

PALMARÉS INTERNACIONAL
- Copa América: 2019, subcampeón 2021

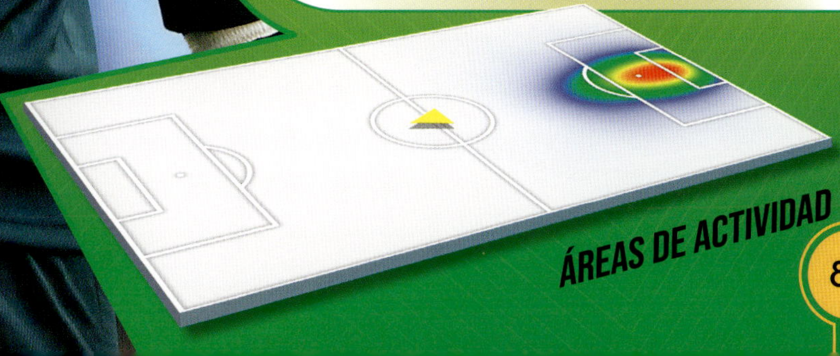

ÁREAS DE ACTIVIDAD

PÉTER GULÁCSI

NACIONALIDAD
Húngara

CLUB ACTUAL
RB Leipzig

Péter Gulácsi se dedica a prepararse para cualquier situación futbolística a la que se enfrente. Estudia el acercamiento de los defensas para hacerse una idea de por dónde van a tirar, se coloca en la posición adecuada y hace que paradas difíciles parezcan muy fáciles.

F. NACIMIENTO	06/05/1990
POSICIÓN	PORTERO
ESTATURA	1,91 M
DEBUT	2008
PIE PREFERIDO	DERECHO

GOLES ENCAJADOS
384

APARICIONES
316

PENALTIS PARADOS
4

PORTERÍAS A CERO
97

PARADAS
794

PENALTIS ENCARADOS
39

BALONES ATRAPADOS
59

DESPEJES DE PUÑOS
91

PALMARÉS EN CLUBES
⚽ Bundesliga de Austria: 2014, 2015 (Red Bull Salzburg)
⚽ Copa de Austria: 2014, 2015 (Red Bull Salzburg)
⚽ DFB-Pokal: Subcampeón 2019, subcampeón 2021*, 2022, 2023

PALMARÉS INTERNACIONAL
⚽ Copa Mundial Sub-20 de la FIFA: Tercer puesto 2009

ÁREAS DE ACTIVIDAD

LUKAS HRADECKY

Como muchos porteros, Lukas Hradecky no alcanzó su máximo nivel hasta que fue un treintañero. Es excelente deteniendo chutes con seguridad, decisivo cuando se enfrenta a un centro y brillante a la hora de organizar el área de penalti y comunicarse con los defensas.

NACIONALIDAD
Finlandesa

CLUB ACTUAL
Bayer Leverkusen

F. NACIMIENTO	24/11/1989
POSICIÓN	PORTERO
ESTATURA	1,92 M
DEBUT	2008
PIE PREFERIDO	DERECHO

GOLES ENCAJADOS
466

APARICIONES
369

PENALTIS PARADOS
6

PARADAS
1032

PORTERÍAS A CERO
103

PENALTIS ENCARADOS
42

DESPEJES DE PUÑOS
127

BALONES ATRAPADOS
95

PALMARÉS EN CLUBES
⚽ Bundesliga: 2024
⚽ DFB Pokal: 2018 (Eintracht Frankfurt), 2024
⚽ UEFA Europa League: Subcampeón 2024

PALMARÉS INTERNACIONAL
⚽ Copa Báltica: Subcampeón 2012

ÁREAS DE ACTIVIDAD

16

NACIONALIDAD
Francesa

CLUB ACTUAL
AC Milán

MIKE MAIGNAN

Mike Maignan es un superparador de chutes, sobre todo a corta distancia, lo que le permite demostrar sus reflejos. También es un gran comunicador, muestra grandes dotes de liderazgo y es excelente en la distribución.

F. NACIMIENTO	03/07/1995
POSICIÓN	PORTERO
ESTATURA	1,91 M
DEBUT	2012
PIE PREFERIDO	DERECHO

GOLES ENCAJADOS
330

APARICIONES
315

PENALTIS PARADOS
12

PORTERÍAS A CERO
110

PARADAS
831

PENALTIS ENCARADOS
50

BALONES ATRAPADOS
40

DESPEJES DE PUÑOS
86

PALMARÉS EN CLUBES
⚽ Serie A: 2022
⚽ Ligue 1: 2021 (Lille)

PALMARÉS INTERNACIONAL
⚽ UEFA Nations League: 2021, tercer puesto 2025

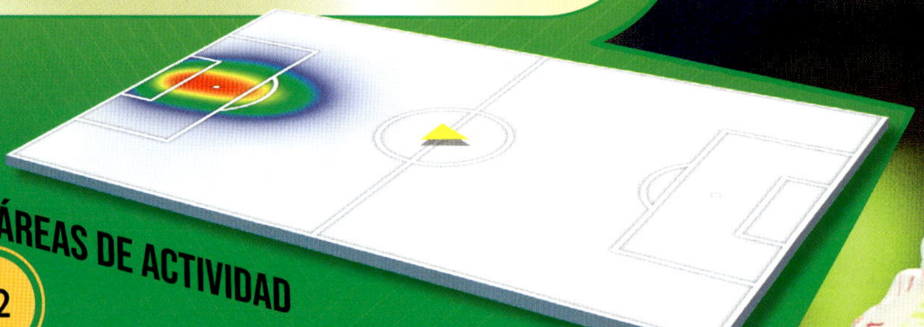

ÁREAS DE ACTIVIDAD

EMILIANO MARTÍNEZ

Emiliano Martínez, un portero inmensamente atlético, es capaz de llegar a tiros a la escuadra con cualquiera de las manos. Su rapidez con los pies le permite colocarse en buenas posiciones, no solo para hacer paradas, sino también para reducir el ángulo para los disparos.

NACIONALIDAD
Argentina

CLUB ACTUAL
Aston Villa

23

F. NACIMIENTO	02/09/1992
POSICIÓN	PORTERO
ESTATURA	1,95 M
DEBUT	2012
PIE PREFERIDO	DERECHO

GOLES ENCAJADOS
278

APARICIONES
231

PENALTIS PARADOS
4

PARADAS
679

PORTERÍAS A CERO
73

PENALTIS ENCARADOS
24

DESPEJES DE PUÑOS
30

BALONES ATRAPADOS
48

PALMARÉS EN CLUBES
⚽ FA Cup: 2020 (Arsenal)

PALMARÉS INTERNACIONAL
⚽ Copa América: 2021, 2024
⚽ Copa Mundial de la FIFA: 2022
⚽ Copa de Campeones Conmebol-UEFA: 2022

ÁREAS DE ACTIVIDAD

NACIONALIDAD
Costa Rica

CLUB ACTUAL
Newell's Old Boys
(Argentina)

F. NACIMIENTO	15/12/1986
POSICIÓN	PORTERO
ESTATURA	1,85 M
DEBUT	2005
PIE PREFERIDO	DERECHO

KEYLOR NAVAS

Keylor Navas es fuerte, atlético, ágil, buen organizador y parador. Parte de una nueva raza de porteros hiperagresivos, tiene confianza para jugar fuera del área, incluso en situaciones que podrían requerir un posicionamiento más limitado. Navas dejó el PSG francés en 2024 después de cinco años.

GOLES ENCAJADOS
315

APARICIONES
318

PENALTIS PARADOS
10

PARADAS
960

PORTERÍAS A CERO
113

PENALTIS ENCARADOS
43

DESPEJES DE PUÑOS
135

BALONES ATRAPADOS
62

PALMARÉS EN CLUBES
⚽ Ligue 1: 2020, 2022, 2024 (todas con PSG) ⚽ La Liga: 2017 (Real Madrid) ⚽ UEFA Champions League: 2016-2018 (todas con Real Madrid) subcampeón 2020 (PSG) ⚽ Copa Mundial de Clubes de la FIFA: 2014, 2016-2018 (todas con Real Madrid) ⚽ Supercopa de la UEFA: 2017 (Real Madrid) ⚽ Coupe de France: 2020, 2021, 2024 (todas con PSG)

PALMARÉS INTERNACIONAL
⚽ Copa de Naciones de UNCAF: Subcampeón 2009, subcampeón 2011

ÁREAS DE ACTIVIDAD

MANUEL NEUER

Manuel Neuer, portero de primer nivel durante más de 20 años, redefinió el modo de jugar de los porteros, al ser portero-líbero original. Gran distribuidor, controla el área y es excelente para detener chutes y como organizador.

NACIONALIDAD
Alemana

CLUB ACTUAL
Bayern de Múnich

F. NACIMIENTO	27/03/1986
POSICIÓN	PORTERO
ESTATURA	1,93 M
DEBUT	2004
PIE PREFERIDO	DERECHO

GOLES ENCAJADOS
583

APARICIONES
675

PENALTIS PARADOS
12

PORTERÍAS A CERO
295

PARADAS
1641

BALONES ATRAPADOS
341

PENALTIS ENCARADOS
52

DESPEJES DE PUÑOS
281

PALMARÉS EN CLUBES
⚽ Bundesliga: 2013, 2014, 2015, 2016, 2017, 2018, 2019, 2020, 2021, 2022, 2023, 2025 ⚽ UEFA Champions League: 2013, 2020 ⚽ Supercopa de la UEFA: 2013, 2020 ⚽ Copa Mundial de Clubes de la FIFA: 2013, 2020 ⚽ DFB-Pokal: 2011 (Schalke 04), 2013, 2014, 2016 2019, 2020

PALMARÉS INTERNACIONAL
⚽ Copa Mundial de la FIFA: 2014, tercer puesto 2010

ÁREAS DE ACTIVIDAD

95

13

NACIONALIDAD
Eslovena

CLUB ACTUAL
Atlético de Madrid

JAN OBLAK

Jan Oblak, uno de los porteros más ágiles y consumados del mundo, está dotado de reflejos rápidos que le permiten salir de su zona para detectar cualquier señal de peligro. Sus habilidades comunicativas facilitan la organización de la defensa y le permiten adoptar el papel de subcapitán en el equipo.

F. NACIMIENTO	07/01/1993
POSICIÓN	PORTERO
ESTATURA	1,88 M
DEBUT	2009
PIE PREFERIDO	DERECHO

GOLES ENCAJADOS
385

APARICIONES
474

PENALTIS PARADOS
9

PARADAS
1200

PORTERÍAS A CERO
216

PENALTIS ENCARADOS
54

BALONES ATRAPADOS
95

DESPEJES DE PUÑOS
131

PALMARÉS EN CLUBES
- La Liga: 2021
- UEFA Champions League: Subcampeón 2016
- UEFA Europa League: 2018
- Supercopa de la UEFA: 2018

PALMARÉS INTERNACIONAL
- Nada hasta la fecha

ÁREAS DE ACTIVIDAD

RUI PATRÍCIO

Es un portero de la vieja escuela, un parador que permite a sus defensas lidiar con los centros en el área de peligro. Tiene un gran instinto y sentido de la anticipación y es experto en salir de la portería para reducir los ángulos. Al acercarse al final de su carrera, a finales de mayo de 2025, Patrício firmó un acuerdo de corta duración con el equipo de la UAE Pro League Al Ain.

NACIONALIDAD
Portuguesa

CLUB ACTUAL
Al Ain

F. NACIMIENTO	15/02/1988
POSICIÓN	PORTERO
ESTATURA	1,90 M
DEBUT	2006
PIE PREFERIDO	IZQUIERDO

GOLES ENCAJADOS
379

APARICIONES
319

PENALTIS PARADOS
6

PORTERÍAS A CERO
99

PARADAS
816

BALONES ATRAPADOS
79

PENALTIS ENCARADOS
37

DESPEJES DE PUÑOS
61

PALMARÉS EN CLUBES
⚽ Europa Conference League: 2022 (Roma)
⚽ UEFA Europa League: Subcampeón 2023
⚽ Taça de Portugal: 2007, 2008, 2015 (Sporting Clube)

PALMARÉS INTERNACIONAL
⚽ Campeonato de Europa de la UEFA: 2016
⚽ UEFA Nations League: 2019

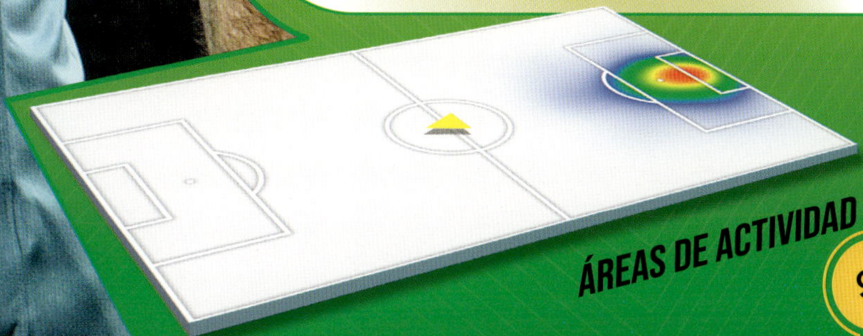

ÁREAS DE ACTIVIDAD

1

NACIONALIDAD
Inglesa

CLUB ACTUAL
Everton

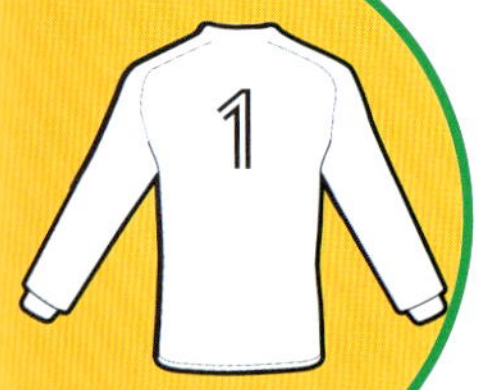

JORDAN PICKFORD

Jordan Pickford, que juega para uno de los equipos menores de la Premier League inglesa, se mantiene ocupado y es excelente a la hora de parar tiros. No es uno de los porteros más altos, prefiere el despeje de puños a atrapar el balón y también es muy bueno distribuyendo el juego a los compañeros para iniciar ataques.

F. NACIMIENTO	07/03/1994
POSICIÓN	PORTERO
ESTATURA	1,85 M
DEBUT	2011
PIE PREFERIDO	IZQUIERDO

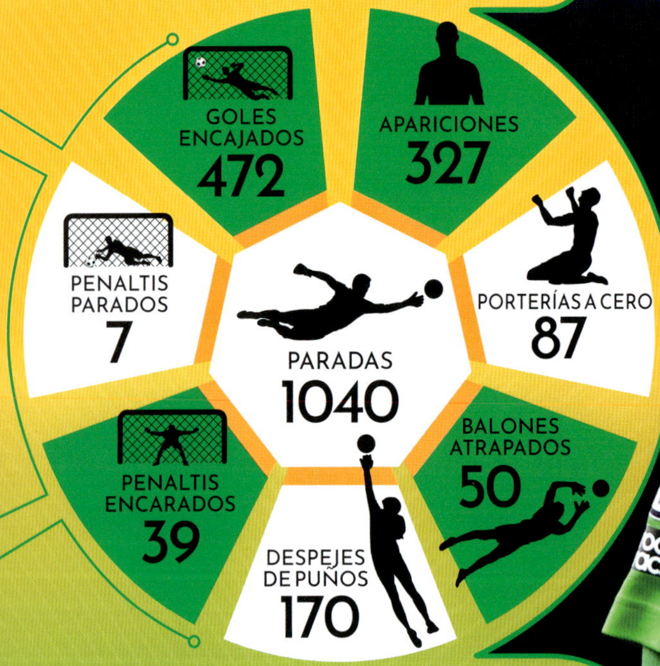

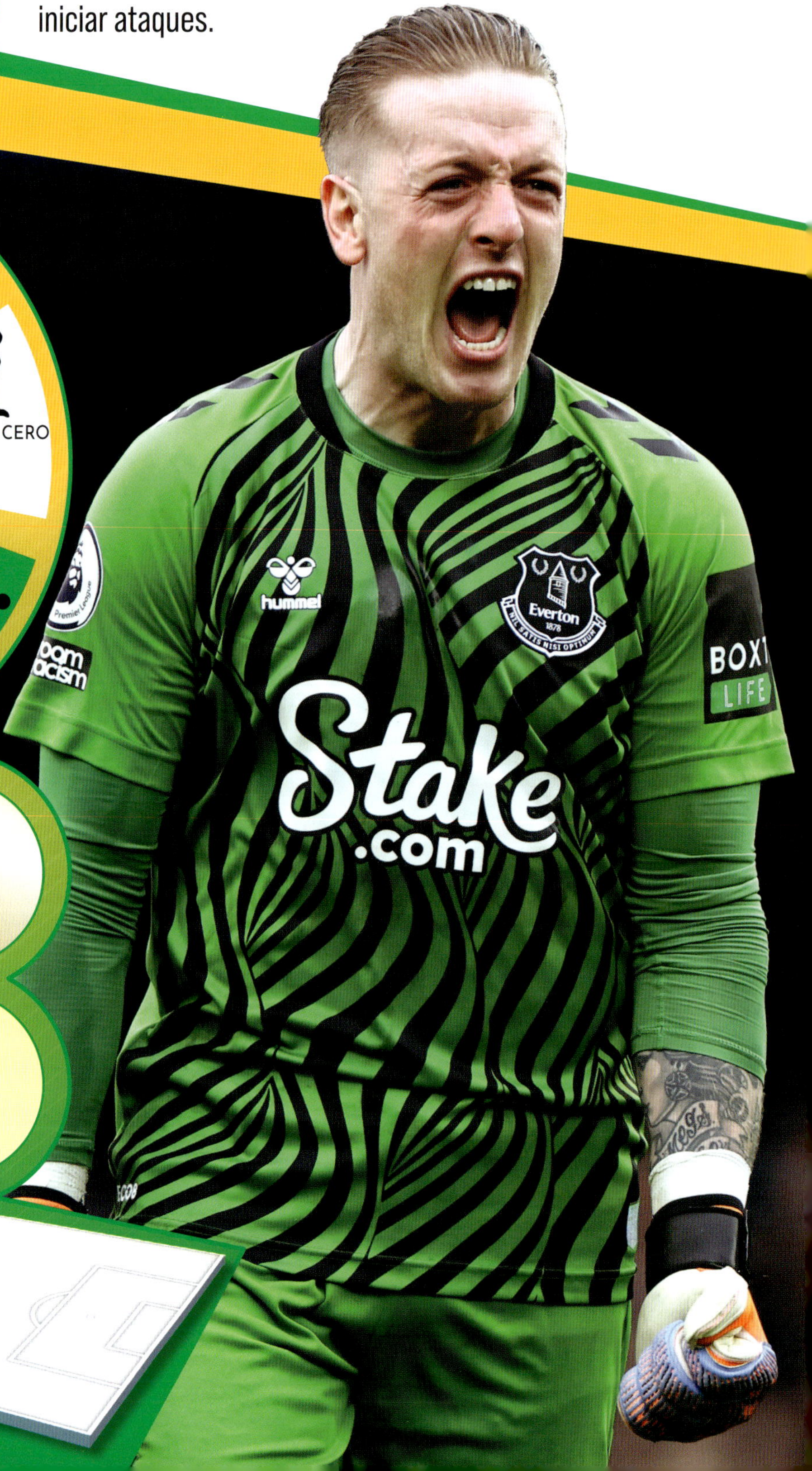

GOLES ENCAJADOS
472
APARICIONES
327
PENALTIS PARADOS
7
PARADAS
1040
PORTERÍAS A CERO
87
PENALTIS ENCARADOS
39
DESPEJES DE PUÑOS
170
BALONES ATRAPADOS
50

Stake
.com
Everton
1878
hummel
BOXT
LIFE

PALMARÉS EN CLUBES

- Nada hasta la fecha

PALMARÉS INTERNACIONAL

- Campeonato de Europa de la UEFA: Subcampeón 2020, subcampeón 2024
- UEFA Nations League: Tercer puesto 2019

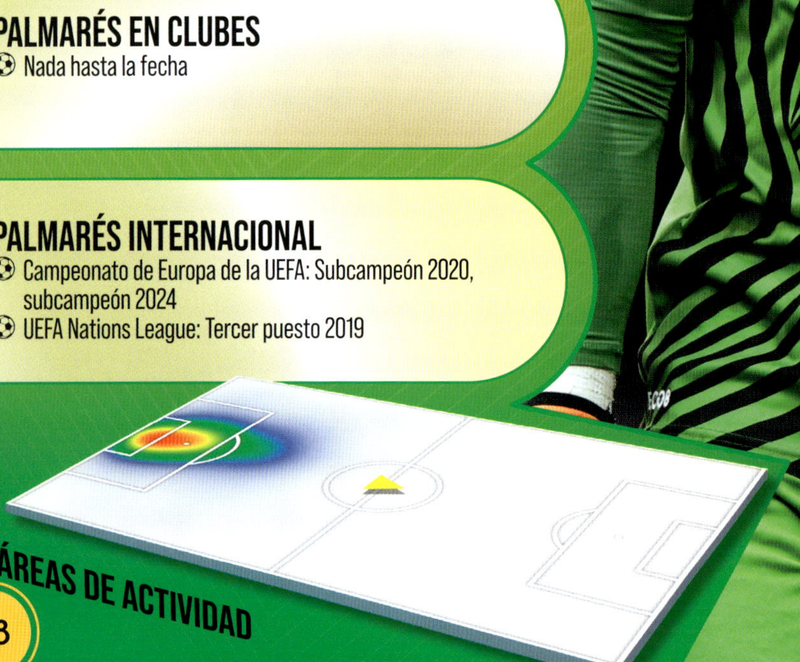

ÁREAS DE ACTIVIDAD

DAVID RAYA

David Raya domina su área, no solo porque se ocupa de los centros, sino también porque su técnica mejorada con el balón permite que sus defensas jueguen más arriba en el campo. Tiene una buena capacidad de anticipación y es un gran parador de chutes.

NACIONALIDAD
Española

CLUB ACTUAL
Arsenal

F. NACIMIENTO	15/09/1995
POSICIÓN	PORTERO
ESTATURA	1,83 M
DEBUT	2014
PIE PREFERIDO	DERECHO

GOLES ENCAJADOS
147

APARICIONES
154

PENALTIS PARADOS
3

PARADAS
413

PORTERÍAS A CERO
59

PENALTIS ENCARADOS
17

DESPEJES DE PUÑOS
36

BALONES ATRAPADOS
30

PALMARÉS EN CLUBES
⚽ Premier League: Subcampeón 2024, subcampeón 2025

PALMARÉS INTERNACIONAL
⚽ Campeonato de Europa de la UEFA: 2024
⚽ UEFA Nations League: 2023, subcampeón 2025

ÁREAS DE ACTIVIDAD

99

NACIONALIDAD
Francesa

CLUB ACTUAL
Rennes

BRICE SAMBA

Brice Samba tiene la personalidad y el físico para dominar el área de penalti. Sus atributos incluyen la capacidad para detener tiros desde cerca y desde lejos, enfrentarse a centros y empezar ataques con patadas desde atrás. Tampoco le da miedo hacer paradas poco ortodoxas.

F. NACIMIENTO	25/04/1994
POSICIÓN	PORTERO
ESTATURA	1,87 M
DEBUT	2011
PIE PREFERIDO	IZQUIERDO

GOLES ENCAJADOS
176

APARICIONES
153

PENALTIS PARADOS
5

PARADAS
493

PORTERÍAS A CERO
53

PENALTIS ENCARADOS
29

DESPEJES DE PUÑOS
24

BALONES ATRAPADOS
28

PALMARÉS EN CLUBES
⚽ Nada hasta la fecha

PALMARÉS INTERNACIONAL
⚽ UEFA Nations League: Tercer puesto 2025

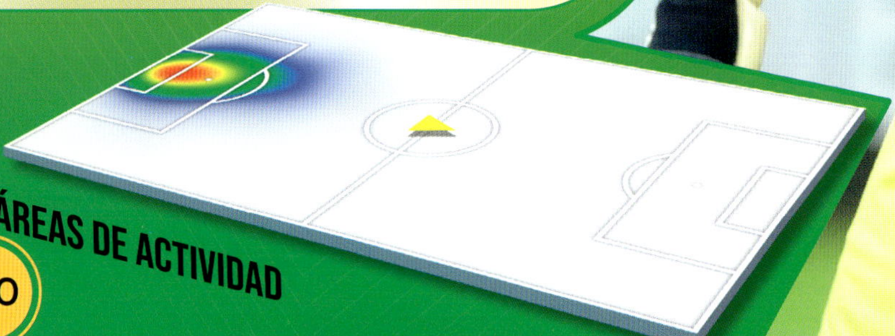

ÁREAS DE ACTIVIDAD

ROBERT SÁNCHEZ

Robert Sánchez es ágil a la hora de tener chutes y también excelente en la comunicación con la línea de defensa para alejar el balón de la zona de peligro. Tiene una habilidad única para esperar hasta el último momento a salir de debajo de la portería, lo que hace que sea difícil para los rivales superarlo.

NACIONALIDAD
Española

CLUB ACTUAL
Chelsea

F. NACIMIENTO	18/11/1997
POSICIÓN	PORTERO
ESTATURA	1,97 M
DEBUT	2018
PIE PREFERIDO	DERECHO

GOLES ENCAJADOS
159

APARICIONES
136

PENALTIS PARADOS
3

PORTERÍAS A CERO
40

PARADAS
364

PENALTIS ENCARADOS
21

BALONES ATRAPADOS
16

DESPEJES DE PUÑOS
33

PALMARÉS EN CLUBES
⚽ Copa Mundial de Clubes de la FIFA: 2025
⚽ UEFA Conference League: 2025
⚽ EFL Cup: Subcampeón 2024

PALMARÉS INTERNACIONAL
⚽ UEFA Nations League: Subcampeón 2021

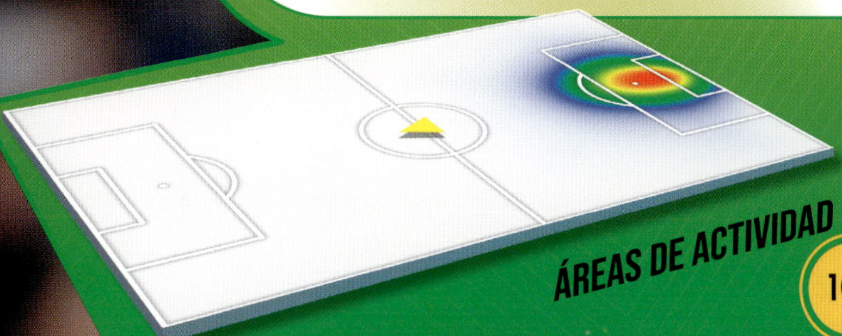

ÁREAS DE ACTIVIDAD

NACIONALIDAD
Suiza

CLUB ACTUAL
Inter de Milán

YANN SOMMER

Yann Sommer no es alto para ser portero, pero tiene una gran capacidad de anticipación, reflejos y un buen juego de pies que compensan de sobra su falta de estatura. Es bueno deteniendo chutes y también se siente cómodo jugando como portero-líbero.

F. NACIMIENTO	17/12/1988
POSICIÓN	PORTERO
ESTATURA	1,83 M
DEBUT	2005
PIE PREFERIDO	IZQUIERDO

GOLES ENCAJADOS
577

APARICIONES
455

PENALTIS PARADOS
7

PARADAS
1466

PORTERÍAS A CERO
140

PENALTIS ENCARADOS
66

BALONES ATRAPADOS
170

DESPEJES DE PUÑOS
152

PALMARÉS EN CLUBES
⚽ Serie A: 2024
⚽ UEFA Champions League: Subcampeón 2025
⚽ Bundesliga: 2023 (Bayern de Múnich)

PALMARÉS INTERNACIONAL
⚽ Nada hasta la fecha

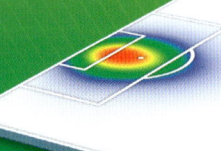

ÁREAS DE ACTIVIDAD

WOJCIECH SZCZĘSNY

Wojciech Szczęsny se ha convertido en uno de los porteros más destacados de Europa. Tiene un talento natural para parar disparos con unos reflejos rapidísimos, también es muy bueno controlando el área de penalti, enfrentándose a los centros e iniciando contraataques con despejes rápidos.

NACIONALIDAD
Polaca

CLUB ACTUAL
Barcelona

F. NACIMIENTO	18/04/1990
POSICIÓN	PORTERO
ESTATURA	1,95 M
DEBUT	2009
PIE PREFERIDO	DERECHO

GOLES ENCAJADOS
526

APARICIONES
503

PENALTIS PARADOS
16

PARADAS
1307

PORTERÍAS A CERO
183

BALONES ATRAPADOS
208

PENALTIS ENCARADOS
81

DESPEJES DE PUÑOS
197

PALMARÉS EN CLUBES
- La Liga: 2025
- Serie A: 2018, 2019, 2020 (todas con Juventus)
- Copa del Rey: 2025
- FA Cup: 2014, 2015 (todas con Arsenal)
- Coppa Italia: 2018, 2021, 2024 (todas con Juventus)

PALMARÉS INTERNACIONAL
- Nada hasta la fecha

ÁREAS DE ACTIVIDAD

ENTRENADORES

Los entrenadores son tan diferentes entre sí como los jugadores que juegan en posiciones diferentes, pero la mayoría de los 12 que aparecen en esta sección tienen una cosa en común: todos son ganadores, ya sea en sus ligas domésticas nacionales o en competiciones continentales. Algunos, como Mikel Arteta, fueron jugadores de éxito y ganaron títulos mucho antes de convertirse en entrenadores, mientras que otros, como Claudio Ranieri, tuvieron carreras menos fructíferas como jugadores, pero han tenido un gran éxito como el cerebro detrás de un equipo de primer nivel.

¿QUÉ SIGNIFICAN ESTAS ESTADÍSTICAS?

PARTIDOS DIRIGIDOS

Es el número de partidos que ha dirigido el entrenador a lo largo de su carrera en el fútbol desde el banquillo.

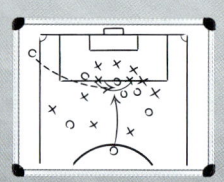

EQUIPOS ENTRENADOS

El número de clubes (solo primeros equipos) que ha dirigido el entrenador durante su carrera hasta la fecha.

VICTORIAS

Es el número de partidos que ha ganado el entrenador, incluyendo uno de los partidos de una eliminatoria a dos partidos, incluso si la eliminatoria se perdió con la suma de goles o en los penaltis.

PALMARÉS

El palmarés incluye los éxitos del entrenador en las máximas categorías domésticas, copas de liga y nacionales y competiciones de clubes internacionales, excepto las supercopas.

¿Lo sabías?

Eddie Howe llevó al equipo de la Premier League Newcastle United a lograr su primera copa nacional en 70 años y la primera de cualquier tipo en 56 años. También fue el primer entrenador inglés en ganar un trofeo nacional en 17 años.

XABI ALONSO

Alonso es el entrenador más solicitado de Europa después de ganar el título de la Bundesliga en su primera temporada completa. Su equipo juega con una formación 3-4-2-1, favoreciendo la presión y, después contraatacando y aprovechando los espacios en la defensa rival.

NACIONALIDAD
Española

CLUB ACTUAL
Real Madrid

AÑOS COMO ENTRENADOR: 6

PRIMER CLUB: REAL SOCIEDAD B

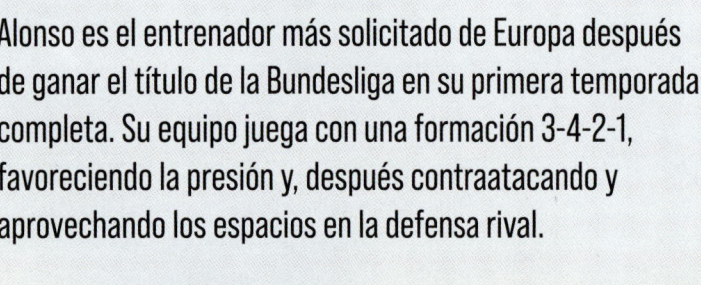

CLUBES ENTRENADOS	PARTIDOS	TÍTULOS DE LIGA
2	237	1

VICTORIAS	EMPATES	DERROTAS
127	56	54

TROFEOS DE CHAMPIONS LEAGUE	TROFEOS DE EUROPA LEAGUE	OTROS TROFEOS*
0	0	2

PALMARÉS EN CLUBES
- Bundesliga: 2024 (Bayer Leverkusen)
- DFB-Pokal: 2024 (Bayer Leverkusen)
- UEFA Europa League: Subcampeón 2024 (Bayer Leverkusen)

*Excluyendo supercopas

CARLO ANCELOTTI

El experimentado y consumado Carlo Ancelotti utiliza diferentes sistemas dependiendo del rival y de los jugadores disponibles. Su formación favorita es el 4-4-2, a veces en diamante y otras veces con cuatro centrocampistas en línea cruzando el campo.

NACIONALIDAD
Italiana

CLUB ACTUAL
Selección nacional de Brasil

AÑOS COMO ENTRENADOR: 30

PRIMER CLUB: REGGIANA

CLUBES ENTRENADOS	PARTIDOS	TÍTULOS DE LIGA
10	1401	6

VICTORIAS	EMPATES	DERROTAS
838	306	257

TROFEOS DE CHAMPIONS LEAGUE	TROFEOS DE EUROPA LEAGUE	OTROS TROFEOS*
5	0	19

PALMARÉS EN CLUBES
- La Liga: 2022, subcampeón 2023, 2024 (todas con Real Madrid)
- UEFA Champions League: 2003, 2007 (todas con AC Milán), 2014, 2022, 2024 (todas con Real Madrid
- Copa Mundial de Clubes de la FIFA: 2007 (AC Milán), 2014, 2022 (todas con Real Madrid
- Serie A: 2004 (AC Milán)
- Premier League: 2010 (Chelsea)
- Ligue 1: 2013 (Paris St-Germain)
- Copa del Rey: 2014, 2023 (todas con Real Madrid)
- Coppa Italia: 2003 (AC Milán)
- Bundesliga: 2017 (Bayern de Múnich)

*Excluyendo supercopas

MIKEL ARTETA

Mikel Arteta apostó por un club de alto nivel para su primer trabajo como entrenador. Cambió su estilo de un 5-4-1 con defensa fuerte por un 4-2-3-1 de ataque más agresivo, con jugadores que generan peligro desde cualquier parte del campo.

NACIONALIDAD
Española

CLUB ACTUAL
Arsenal

AÑOS COMO ENTRENADOR: 6

PRIMER CLUB: ARSENAL

CLUBES ENTRENADOS	PARTIDOS	TÍTULOS DE LIGA
1	290	0
VICTORIAS	EMPATES	DERROTAS
169	55	66
TROFEOS DE CHAMPIONS LEAGUE	TROFEOS DE EUROPA LEAGUE	OTROS TROFEOS*
0	0	3

PALMARÉS EN CLUBES
- ⚽ Premier League: Subcampeón 2023, subcampeón 2024, subcampeón 2025
- ⚽ FA Cup: 2020
- ⚽ FA Community Shield: 2020, 2023

*Excluyendo supercopas

UNAI EMERY

Unai Emery ha disfrutado de un gran éxito entrenando a clubes con presupuestos modestos. Su formación preferida es el 4-2-3-1, o el 4-4-2, dependiendo de las habilidades ofensivas de los dos mediocentros y de su habilidad para mantener la posesión.

NACIONALIDAD
Española

CLUB ACTUAL
Aston Villa

AÑOS COMO ENTRENADOR: 21

PRIMER CLUB: LORCA DEPORTIVA

CLUBES ENTRENADOS	PARTIDOS	TÍTULOS DE LIGA
9	1066	1
VICTORIAS	EMPATES	DERROTAS
569	231	266
TROFEOS DE CHAMPIONS LEAGUE	TROFEOS DE EUROPA LEAGUE	OTROS TROFEOS*
0	4	6

PALMARÉS EN CLUBES
- ⚽ UEFA Europa League: 2014, 2015, 2016 (todas con Sevilla), 2021 (Villareal), subcampeón 2019 (Arsenal)
- ⚽ Ligue 1: 2018 (Paris Saint-Germain)
- ⚽ Coupe de France: 2017, 2018 (todas con Paris Saint-Germain)

*Excluyendo supercopas

LUIS ENRIQUE

Luis Enrique nunca renunciará a sus creencias futbolísticas y jugará con la formación que mejor se adapte a sus jugadores disponibles, por lo general 4-3-3 o 3-4-3. Quiere que sus jugadores se expresen con el balón siempre que sea posible.

NACIONALIDAD
Española

CLUB ACTUAL
Paris Saint-Germain

AÑOS COMO ENTRENADOR: 14

PRIMER CLUB: BARCELONA B

CLUBES ENTRENADOS	PARTIDOS	TÍTULOS DE LIGA
5	498	4
VICTORIAS	EMPATES	DERROTAS
306	98	94
TROFEOS DE CHAMPIONS LEAGUE	TROFEOS DE EUROPA LEAGUE	OTROS TROFEOS*
2	0	9

PALMARÉS EN CLUBES
- ⚽ UEFA Champions League: 2015 (Barcelona), 2025
- ⚽ Ligue 1: 2024, 2025
- ⚽ La Liga: 2015, 2016 (todas con Barcelona)
- ⚽ Copa Mundial de Clubes de la FIFA: 2015 (Barcelona), subcampeón 2025
- ⚽ Coupe de France: 2024, 2025
- ⚽ Copa del Rey: 2015, 2016, 2017 (todas con Barcelona)

*Excluyendo supercopas

HANSI FLICK

Hansi Flick ganó muchas medallas y trofeos como jugador, luego como segundo entrenador y, después, primer entrenador en el Bayern de Múnich. También dirigió a la selección alemana. Sus equipos se centran en jugar un fútbol de ataque con mucha presión.

NACIONALIDAD
Alemana

CLUB ACTUAL
Barcelona

AÑOS COMO ENTRENADOR: 29

PRIMER CLUB: VICTORIA BAMMENTAL

CLUBES ENTRENADOS	PARTIDOS	TÍTULOS DE LIGA
4	146	3
VICTORIAS	EMPATES	DERROTAS
114	16	16
TROFEOS DE CHAMPIONS LEAGUE	TROFEOS DE EUROPA LEAGUE	OTROS TROFEOS*
1	0	6

PALMARÉS EN CLUBES
- ⚽ La Liga: 2025
- ⚽ Bundesliga: 2020, 2021 todas con (Bayern de Múnich)
- ⚽ UEFA Champions League: 2020 (Bayern de Múnich)
- ⚽ Copa del Rey: 2025
- ⚽ DFB-Pokal: 2020 (Bayern de Múnich)
- ⚽ Copa Mundial de Clubes de la FIFA: 2020 (Bayern Munich)
- ⚽ Supercopa de la UEFA: 2020 (Bayern de Múnich)

*Excluyendo supercopas

GIAN PIERO GASPERINI

Gian Piero Gasperini quiere que sus equipos sean atacantes, pero que defiendan con marcaje individual cuando no tengan la posesión. Su formación 3-4-3 es fluida; cuando sus equipos atacan, los carrileros juegan como interiores para tratar de superar en número a la defensa rival.

NACIONALIDAD
Italiana

CLUB ACTUAL
Roma

AÑOS COMO ENTRENADOR: 22

PRIMER CLUB: CROTONE

CLUBES ENTRENADOS	PARTIDOS	TÍTULOS DE LIGA
5	874	0

VICTORIAS	EMPATES	DERROTAS
402	209	263

TROFEOS DE CHAMPIONS LEAGUE	TROFEOS DE EUROPA LEAGUE	OTROS TROFEOS*
0	1	0

PALMARÉS EN CLUBES
 UEFA Europa League: 2024

*Excluyendo supercopas

PEP GUARDIOLA

Pep Guardiola, quien fue en su momento un gran centrocampista, diseñó el sistema de juego "tiquitaca" en el Barcelona (2008-2012). Disciplinados en la posesión, cuando no tienen el balón, sus equipos presionan a los rivales para que cometan errores y lanzan contraataques rápidos.

NACIONALIDAD
Española

CLUB ACTUAL
Manchester City

AÑOS COMO ENTRENADOR: 17

PRIMER CLUB: BARCELONA B

CLUBES ENTRENADOS	PARTIDOS	TÍTULOS DE LIGA
4	979	12

VICTORIAS	EMPATES	DERROTAS
701	154	124

TROFEOS DE CHAMPIONS LEAGUE	TROFEOS DE EUROPA LEAGUE	OTROS TROFEOS*
3	0	24

PALMARÉS EN CLUBES
⚽ Premier League: 2018, 2019, 2021, 2022, 2023, 2024
⚽ UEFA Champions League: 2009, 2011 Barcelona), subcampeón 2021, 2023
⚽ Copa Mundial de Clubes de la FIFA: 2009, 2011 (Barcelona), 2013 (Bayern de Múnich)
⚽ La Liga: 2009, 2010, 2011 (Barcelona)
⚽ Bundesliga: 2014, 2015, 2016 (Bayern de Múnich)
⚽ FA Cup: 2019, 2023, subcampeón 2024, subcampeón 2025

*Excluyendo supercopas

EDDIE HOWE

La reputación de Eddie Howe ha mejorado muchísimo y ahora está considerado un entrenador de élite. Prefiere una formación 4-3-3 con la posesión y 4-5-1 sin el balón presionando a los defensas rivales para forzarlos a perder la pelota con rapidez.

NACIONALIDAD
Inglesa

CLUB ACTUAL
Newcastle United

AÑOS COMO ENTRENADOR: 17

PRIMER CLUB: AFC BOURNEMOUTH

PALMARÉS EN CLUBES
⚽ EFL Cup: Subcampeón 2023, 2025

CLUBES ENTRENADOS	PARTIDOS	TÍTULOS DE LIGA
3	718	0

VICTORIAS	EMPATES	DERROTAS
316	151	251

TROFEOS DE CHAMPIONS LEAGUE	TROFEOS DE EUROPA LEAGUE	OTROS TROFEOS*
0	0	1

*Excluyendo supercopas

SIMONE INZAGHI

Los equipos de Simone Inzaghi casi siempre juegan en una formación 3-5-2. Le gusta que sus jugadores mantengan la posesión con pases cortos, esperando con paciencia para atacar, y anima a sus defensas centrales a sacar a los rivales de su posición para unirse a los ataques.

NACIONALIDAD
Italiana

CLUB ACTUAL
Al-Hillal

AÑOS COMO ENTRENADOR: 10

PRIMER CLUB: LAZIO

PALMARÉS EN CLUBES
⚽ Serie A: 2024
⚽ UEFA Champions League: Subcampeón 2023, subcampeón 2025
⚽ Coppa Italia: 2019 (Lazio), 2022, 2023 (Inter de Milán)

CLUBES ENTRENADOS	PARTIDOS	TÍTULOS DE LIGA
3	468	1

VICTORIAS	EMPATES	DERROTAS
275	86	107

TROFEOS DE CHAMPIONS LEAGUE	TROFEOS DE EUROPA LEAGUE	OTROS TROFEOS*
0	0	8

*Excluyendo supercopas

DIEGO SIMEONE

A Diego Simeone le gusta utilizar una formación que es casi una unidad 4-2-2-2, con interiores que juegan entre los dos mediocentros y los delanteros. Fuertes a nivel defensivo, sus equipos son geniales a la hora de defender en jugadas a balón parado y peligrosos en el ataque.

NACIONALIDAD
Argentina

CLUB ACTUAL
Atlético de Madrid

AÑOS COMO ENTRENADOR: 18

PRIMER CLUB: RACING CLUB

CLUBES ENTRENADOS	PARTIDOS	TÍTULOS DE LIGA
7	941	4
VICTORIAS	EMPATES	DERROTAS
531	215	195
TROFEOS DE CHAMPIONS LEAGUE	TROFEOS DE EUROPA LEAGUE	OTROS TROFEOS*
0	2	4

PALMARÉS EN CLUBES
- ⚽ UEFA Champions League: Subcampeón 2014, 2016
- ⚽ UEFA Europa League: 2012, 2018
- ⚽ Supercopa de la UEFA: 2012, 2018
- ⚽ La Liga: 2014, 2021
- ⚽ Copa del Rey: 2013
- ⚽ Primera División-Apertura 2006 (Estudiantes)
- ⚽ Primera División-Clausura 2008 (Racing Club)

*Excluyendo supercopas

ARNE SLOT

Arne Slot es un entrenador astuto e innovador. Tiene la reputación de desarrollar a jugadores jóvenes y jugar un fútbol de ataque atractivo en una formación 4-3-3. A veces, utiliza una alineación 4-2-3-1, con dos centrocampistas delante de los cuatro defensas.

NACIONALIDAD
Holandesa

CLUB ACTUAL
Liverpool

AÑOS COMO ENTRENADOR: 9

PRIMER CLUB: SC CAMBUUR

CLUBES ENTRENADOS	PARTIDOS	TÍTULOS DE LIGA
4	298	2
VICTORIAS	EMPATES	DERROTAS
189	60	49
TROFEOS DE CHAMPIONS LEAGUE	TROFEOS DE EUROPA LEAGUE	OTROS TROFEOS*
0	0	1

PALMARÉS EN CLUBES
- ⚽ Premier League: 2025
- ⚽ Eredivisie: 2023 (Feyenoord)
- ⚽ KNVB Cup: 2024 (Feyenoord)
- ⚽ UEFA Europa Conference: 2022 (Feyenoord)

*Excluyendo supercopas

NOTAS